思想的・睿智的・獨見的

經典名著文庫

策劃　楊榮川

五南圖書出版公司 印行

經典名著文庫

學術評議者簡介（依姓氏筆畫排序）

- 丘為君　美國俄亥俄州立大學歷史研究所博士
- 吳惠林　美國芝加哥大學經濟系訪問研究、臺灣大學經濟系博士
- 宋鎮照　美國佛羅里達大學社會學博士
- 林玉体　美國愛荷華大學哲學博士
- 邱燮友　國立臺灣師範大學國文研究所文學碩士
- 洪漢鼎　德國杜塞爾多夫大學榮譽博士
- 孫效智　德國慕尼黑哲學院哲學博士
- 秦夢群　美國麥迪遜威斯康辛大學博士
- 高明士　日本東京大學歷史學博士
- 高宣揚　巴黎第一大學哲學系博士
- 張光宇　美國加州大學柏克萊校區語言學博士
- 張炳陽　國立臺灣大學哲學研究所博士
- 陳秀蓉　國立臺灣大學理學院心理學研究所臨床心理學組博士
- 陳思賢　美國約翰霍普金斯大學政治學博士
- 陳清秀　美國喬治城大學訪問研究、臺灣大學法學博士
- 陳鼓應　國立臺灣大學哲學研究所
- 曾永義　國家文學博士、中央研究院院士
- 黃光國　美國夏威夷大學社會心理學博士
- 黃光雄　國家教育學博士
- 黃昆輝　美國北科羅拉多州立大學博士
- 黃政傑　美國麥迪遜威斯康辛大學博士
- 楊維哲　美國普林斯頓大學數學博士
- 葉海煙　私立輔仁大學哲學研究所博士
- 葉國良　國立臺灣大學中文所博士
- 廖達琪　美國密西根大學政治學博士
- 劉滄龍　德國柏林洪堡大學哲學博士
- 黎建球　私立輔仁大學哲學研究所博士
- 盧美貴　國立臺灣師範大學教育學博士
- 薛化元　國立臺灣大學歷史學系博士
- 謝宗林　美國聖路易華盛頓大學經濟研究所博士候選人
- 簡成熙　國立高雄師範大學教育研究所博士
- 顏厥安　德國慕尼黑大學法學博士

經典名著文庫196

功效論

在中國與西方思維之間

Traité de l'efficacité

朱利安（François Jullien）著
林志明 譯

Original Title " **Traité de l'efficacité** "

經典永恆・名著常在

五十週年的獻禮・「經典名著文庫」出版緣起

總策劃 楊榮川

五南，五十年了。半個世紀，人生旅程的一大半，我們走過來了。不敢說有多大成就，至少沒有凋零。

五南忝為學術出版的一員，在大專教材、學術專著、知識讀本出版已逾壹萬參仟種之後，面對著當今圖書界媚俗的追逐、淺碟化的內容以及碎片化的資訊圖景當中，我們思索著：邁向百年的未來歷程裡，我們能為知識界、文化學術界做些什麼？在速食文化的生態下，有什麼值得讓人雋永品味的？

歷代經典．當今名著，經過時間的洗禮，千錘百鍊，流傳至今，光芒耀人；不僅使我們能領悟前人的智慧，同時也增深我們思考的深度與視野。十九世紀唯意志論開創者叔本華，在其〈論閱讀和書籍〉文中指出：「對任何時代所謂的暢銷書要持謹慎的態度。」他覺得讀書應該精挑細選，把時間用來閱讀那些「古今中外的偉大人物的著作」，閱讀那些「站在人類之巔的著作及享受不朽聲譽的人們的作品」。閱讀就要「讀原著」，是他的體悟。他甚至認爲，閱讀經典原著，勝過於親炙教誨。他說：

「一個人的著作是這個人的思想菁華。所以，儘管一個人具有偉大的思想能力，但閱讀這個人的著作總會比與這個人的交往獲得更多的內容。就最重要的方面而言，閱讀這些著作的確可以取代，甚至遠遠超過與這個人的近身交往。」

爲什麼？原因正在於這些著作正是他思想的完整呈現，是他所有的思考、研究和學習的結果；而與這個人的交往卻是片斷的、支離的、隨機的。何況，想與之交談，如今時空，只能徒呼負負，空留神往而已。

三十歲就當芝加哥大學校長、四十六歲榮任名譽校長的赫欽斯（Robert M. Hutchins, 1899-1977），是力倡人文教育的大師。「教育要教眞理」，是其名言，強調「經典就是人文教育最佳的方式」。他認爲：

「西方學術思想傳遞下來的永恆學識，即那些不因時代變遷而有所減損其價值的古代經典及現代名著，乃是眞正的文化菁華所在。」

這些經典在一定程度上代表西方文明發展的軌跡，故而他爲大學擬訂了從柏拉圖的《理想國》，以至愛因斯坦的《相對論》，構成著名的「大學百本經典名著課程」。成爲大學通識教育課程的典範。

歷代經典・當今名著，超越了時空，價值永恆。五南跟業界一樣，過去已偶有引進，但都未系統化的完整舖陳。我們決心投入巨資，有計劃的系統梳選，成立「經典名著文庫」，希望收入古今中外思想性的、充滿睿智與獨見的經典、名著，包括：

- 歷經千百年的時間洗禮，依然耀明的著作。遠溯二千三百年前，亞里斯多德的《尼各馬科倫理學》、柏拉圖的《理想國》，還有奧古斯丁的《懺悔錄》。
- 聲震寰宇、澤流遐裔的著作。西方哲學不用說，東方哲學中，我國的孔孟、老莊哲學，古印度毗耶娑（Vyāsa）的《薄伽梵歌》、日本鈴木大拙的《禪與心理分析》，都不缺漏。
- 成就一家之言，獨領風騷之名著。諸如伽森狄（Pierre Gassendi）與笛卡兒論戰的《對笛卡兒沉思錄的詰難》、達爾文（Darwin）的《物種起源》、米塞斯（Mises）的《人的行爲》，以至當今印度獲得諾貝爾經濟學獎阿馬蒂亞・

森（Amartya Sen）的《貧困與饑荒》，及法國當代的哲學家及漢學家朱利安（François Jullien）的《功效論》。

梳選的書目已超過七百種，初期計劃首爲三百種。先從思想性的經典開始，漸次及於專業性的論著。「江山代有才人出，各領風騷數百年」，這是一項理想性的、永續性的巨大出版工程。不在意讀者的眾寡，只考慮它的學術價值，力求完整展現先哲思想的軌跡。雖然不符合商業經營模式的考量，但只要能爲知識界開啓一片智慧之窗，營造一座百花綻放的世界文明公園，任君遨遊、取菁吸蜜、嘉惠學子，於願足矣！

最後，要感謝學界的支持與熱心參與。擔任「學術評議」的專家，義務的提供建言；各書「導讀」的撰寫者，不計代價地導引讀者進入堂奧；而著譯者日以繼夜，伏案疾書，更是辛苦，感謝你們。也期待熱心文化傳承的智者參與耕耘，共同經營這座「世界文明公園」。如能得到廣大讀者的共鳴與滋潤，那麼經典永恆，名著常在。就不是夢想了！

二〇一七年八月一日 於

五南圖書出版公司

導讀——由效力到功效

國立臺北教育大學特聘教授當代藝術評論與策展研究全英語碩士學程（CCSCA）主任

林志明

朱利安（François Jullien，過去譯為余蓮）是一位有深度及創造力的思想家，如同他別的著作一樣，他不但提出理論，也提出相關的後設理論，也就是理論的理論，或者說，他的精采之處也在於解析思想的基本框架。

1

作為《功效論》此書出發點的問題看來相當簡單：如何實現一件事情？由這本書的第一章開始，作者即探問遠承古希臘思想的歐洲，它在思考如何實現一件事情時，所使用的基本思考模式為何？對朱利安而言，那是先設立好一個理想模型（目標），再去思考如何將其實現（手段）。因此，這是一種建立於理論—實際、目的—手段的

「方法性」思考。

2

相對地，在中國古代思想（尤其是先秦思想）中，朱利安發現了一種使得效果自我達成的「策略性」思考，它著重於借助情境的承載力（乘勢而爲），因而是一種以對情境的認知作爲出發，進而創造有利條件，並使得過程得以實現爲如人所預期的策略性思維。

3

主導著歐洲思維的模型式思考，涉及了理想和現實間的距離，甚至這距離也疊合於形式與物質間的距離，但它的長處能進一步透過此一模型化（modélisation 設立一理想模型）發展出科學，短處卻是在思考與製作（poetics）相對的實踐（praxis）時，對於實踐智慧顯得缺乏能力：如果說實踐能力的核心是明辨，那麼明辨由何而來呢？

至此，理論面臨著它的侷限，因爲它只能說明辨是於經驗中磨練而得。或者，使用另一個說法，以希臘著名的狡智（metis，以奧德修斯/尤里西斯爲典型人物）爲例，它帶有現實主義中的魔術性和技術性意味，但特點仍然是「沒有理論」。

4

對於此一西方思想中的「未思」，甚至是其思想體系中難以思考或無法思考之處，戰爭也是一個很好的例子，比如歐洲戰爭理論中的名著《戰爭論》，作者克勞塞維茨即曾說明此一思維模式的困境：如何面對一活生生且會變動的客體？甚而，此一變動乃來自戰爭狀態下敵對雙方間的互動。他明智地指出，許多戰爭的理論家：

> 只是追求定量，但在戰爭中一切都是不確定的，而計算往往都是要用變量來作成。他們只知注意物質的力量，而整個軍事行動卻是爲心靈力量及其效果所貫穿的。他們僅考慮到一方面的活動，而戰爭卻是以相互行動爲常態，其效果都是相

互的。①

克勞塞維茨接下來的引伸論點，也可說是理論面上的投降：「戰爭是天才的領域，那是不受規律的限制。」（同上）

5

在朱利安的觀察中，中國式的思維方式，正因爲它不自我侷限於理論—實踐的二分，反而能思考持續的變化；它不設立純粹的認知，因而能不把知與行相分離。本書第二章指出，相對於西方的方法性思考，中國思想一直是一種策略性的思考（中譯頁四十三），也就是一種預設著敵對力量存在的思維。並且，透過「勢」這種可以理解爲「情境中的發展潛能」的理念作爲思考的工具，此一理念並具有不割裂自身和情境及演變之間關係的高度柔軟性，此一思想也能思考事態發生後的不斷變化。甚至，對

① 克勞塞維茨，鈕先鍾譯，《戰爭論精華》，臺北，麥田，一九九六，頁一一八。

於潛勢，即不可「先」見者的探察和發掘，它著重的不是計畫而是估量（古代兵書中所謂的「校計」），不以事先設立的模型來進行塑造，反而能靈活地在流變中「乘勢而爲」。

6

接下來，我想比較詳細地進入一個中國和西方共同探討的主題，並加以對照：

在《功效論》第五章「時機的結構」中，朱利安探討了一個中國和西方思想中都曾處理的主題，那便是「時機」。它在希臘文中以 kairos 一字表達，而在古代中文中則爲「機」這個字。要將事情作好，使它成功，在適當的時間點（good timing）介入十分重要，所謂「事半功倍」也常是因爲如此。

「預測『時機』，這在西方和中國一致，乃是戰略上最共同的要求。」（中譯頁一二四）然而，兩種思想的「間距」出現了：西方人，在此尤其是指馬基維利（Machiavel），「在構想這個預見之明的時候，只是爲了防範負面的事物（而不是要以具有承載力的事物作爲支撐）。」（同上）這個間距是如何產生的？爲何西方人無法以正面的方式看待時機（爲何他們在理性思考中著重的是「時機不宜」）？而不能看到它「具承載力」的一面呢？對於時機具有如此化約、受限且偏重單方面的態度是從何而來的呢（《遠遠地就看到了壞事》）？朱利安使用了一個不同的「時機觀」作解釋，而且這個不同涉及「時機的結構」。

由 kairos 一字的原意而言，時機在西方被思考爲行動的「有利時刻」。但它是在偶然之中產生的一刻，並且有探索它的技藝。（頁一一三）時機在這種思維中，其實是被思考爲一種可以增進效力的「開放性」，換句話說，它就像是在某一時刻才打開的「開口」，如同我們今日常說的「機會之窗」：「因爲它的協助，吾人的行動得以包容於事物的發展進程，它不再是一種強行的介入，而是得以植入其中，利用其進程中的因果關係，並受到協助。」（同上）這樣一個「良好的」時刻，「在時間的範疇內的良善」（頁一一五），應該是對於行動完全正面的事物，然而在預見它之時，爲何卻認爲它只能以其負面的面向受到掌握呢？

在此，朱利安提出中國思想對時機有一相當不同的構思方式。由大的思考框架來說，時機在此不是以「行動」（action）來作爲考量觀點，而是以（事物發展過程中的）「變動」（transformation）來作爲它的考量觀點。時機在此不再是由環繞著行動的各個因素，因其有利的聯合綜效所形成的「機會之窗」，並因而「激發行動」；它比較是被思考爲「在一個已經進行的過程中最適當的介入時刻」。它身處於一個變化的過程之中，並且是由「逐漸獲得的潛勢累積所形成的時刻，能釋放出最大的功效」。（頁一二〇）

爲何說這個差異是結構性的？在中國式的思維中，時機實際上並不是單一的，而是「雙重的」（也可說，在時機背後還有另一時機，即「先機」）：在那彷彿是即興而起的，如同機會一般，以可遇不可求面容出現的時機背後（在如同生自偶然中的機會之窗背後），隱藏著另一個時機，而它的位置是在時間進程的另一端，也就是在那已經在進行的過程的起始之處。（同上）

在這個強調時機必須要以雙重性來看待它的思維中，首要的重點是要能看到眞正的決定性時刻，乃是處於事物發展的上游，因而有先見之明者，他們著重的是在事物發展的「胚胎」階段、「初始階段」，即分辨出「勢態中的潛力」（此即「先機」）。（頁一二一）

這個結構性差異於是解釋了面對時機的態度，中西方爲何會形成如此的間距。在西方，正因爲時機所屬的時間被認爲是「偶然的，混沌的，因而是『無法降服的』」。（頁一三一）對於它的預見之明，因而也只能是一種對於可能的壞發展進行防範的準備，因爲它基本上是無法爲人主宰的。不然，就是反過來，藉由能量的突然激發，人們得以自我超越，並以果敢來戰勝挑戰。（頁一四七）時機，在這裡變成了「使得事功得以進行的冒險」，也就是贏得光榮的機會。（頁一四八）英雄果敢地躍入機會之窗，創造了屬於他的史詩時刻。

在中國這邊，時機比較不是和英雄聯結，而是和戰略家連結。他的工作乃是審愼地體察形勢，進而偵測出對方的破綻（戰略總是作用在相對抗的兩方之間，它預設著敵對的一方）。如果破綻未能出現，戰略家所能作的便只有等待。但這等待「聯繫於預見之明」，「因爲破綻乃銘刻於事物的邏輯之中。」（頁一二九）一旦對手的破綻逐漸加大，我們便能對他進行攻擊而不必害怕和他正面交鋒。（同上）時機也因而能成爲完成事物變化程序的承載者。甚且，如此一來，戰略家比較接近聖人而不是英雄，因爲他也必須如同聖人，保持虛待的態度，也就是說沒有特定的注意焦點（毋意、毋必、毋固、毋我），也正因爲如此，才能體察變化過程的整體。（頁一三三）②

7

書寫至此，作爲本書的譯者，我想「藉機」可以說明本書的一些基本的翻譯選擇和策略。首先，因爲工作時間當時有其限度，加上本書原先乃是爲了法文讀者而寫，當它來到中文讀者眼前，我想更需要的反而是爲大家查找出原來的中文典籍的原文。因此，我作了一個平常少作的選擇，那便是不進行譯注，而是當朱利安引用古代中文典籍並將之翻譯爲法文或用法文解說時，（大多）將這一段法文以現代的漢語白話文譯出，並且以方括弧來顯示古文典籍的原文。因爲這樣的處理方式，讀者可以讀到原作者對於這一段古典中文的譯寫，而且它們往往是具有理論性質，甚至哲學內涵的

---

② 本文這個段落出自筆者法文文章《Comment faire travailler un écart ?》，發表於 *Oser Construire : pour François Jullien*, dir. par Pierre Chartier, Paris, Les Empêcheurs de penser en rond / Le Seuil, 2007, pp. 91-97. 它的中文版曾經刊於本書中譯第一版，以作爲「代譯序」，標題爲「如何使得間距發揮效用？」本文此段文字相較於之前的版本，已有改寫和延展，而有關文中所使用的「間距」的概念，則請參考之前的「代譯序」。

「理解」。中文的讀者同時也可以對照古典文獻的中文原文，而這些「原文」雖然在法文原書中，有部分列出於書的後方，但大部分並非如此，因而需要花費大量時間查找。這些附上的原文，基本上代表了本書特別爲中文讀者所準備的「譯者加注」。

8

如果哲學是一種創造，它所創造的，經常便是概念。朱利安對中國古代思想，尤其是先秦思想的解讀，使得他能在其著作中重新發動哲學（relancer la philosophie），也經常創造出具有發動力的概念。在《功效論》這本著作中，圍繞著效果、效力、效能、效用有關的字詞，在法文中是以 effet 表示，而在第八章中，作者又創造出 effect 這個字眼，並且在此章標題上將 efficacité 和 efficience 作爲可以分開且對照的概念。閱讀原文脈絡，可以看到 effet 是和 efficacité 相連，而 effect 和 efficience 相連。它們基本上是本書發展到後面，用來區分西方和中國在相關主題上思考的，具有哲學「間距」性質的概念。

我在翻譯上的選擇，是將 effet 譯爲「效果」（有時也會依脈絡譯爲效力、效能或效用），相對地，effect 則譯爲「功效」。作此選擇，主要的原因在「功」這個中文字，它同時有成就、成效的意涵，但也有爲了完成某件事，所需投注的心力和努力（比如說「用功」或「下苦功」時）。「功」這個字眼，因此是一個較不會分割結果和過程的表達，正如同英文中的 work（同時可代表工作及作品）。

在第八章開頭，朱利安說明了爲何他要另創一字眼來表達其哲學概念，而我想這說明符合我的翻譯選擇：首先「因爲效果（effet）同時具有太簡單的因果性，和太純粹的解釋性，以致無法理解**作用中**的功效性」（強調爲我所加上），另外它也是「太和使它形成的整體過程切割開來」，因而顯得「僵硬和狹窄」（頁二一九）。相對地，「正在作用中的效力」、「正在施爲狀態的效能」（同上）這種效果和產生它的過程，兩者之間不能明白分離的情況，我想可以透過「功」這個字的多義性，或說它同時指涉成效和使它出現所需進行的努力這樣較具彈性的混沌狀態來加以表達。

由這個選擇作爲出發點，更抽象的、更具原理性的概念，比如 efficacité（大部分地方譯爲「效力」），和 efficience（譯爲「功效作用」），它們的產生便有了依據。不過在這樣的翻譯過程中，如果我們將中文譯回法文（這是檢驗翻譯的一種傳統手法，即回譯 retroversion），那麼我此一書名《功效論》譯回法文會成爲 *Traité de l'effect*（甚或是 *Traité de l'efficience*），而不是原來的 *Traité de l'efficacité*。會出現這種情況，主要因爲這是一個我覺得有點無可奈何的選擇，但它也是一個有意識的選擇（中譯本面對的是中文讀者），因爲如果譯爲《效力論》或《效能論》、《效率論》等，雖然符合原書字面上的意思，但我認爲都無法充分表達此書，尤其是在第六章「無爲（而無所不爲）」之後，以「功效」、「功效作用」等概念工具爲出發，對中國古代思想所進行一系列豐富而具有深度的探索。③

這些探索的主題包含了無爲與道、無爲的應用（道與「德」（得））、道家（老子）與法家（韓非）、陰陽家（鬼谷子）、戰略思想（孫子等）間的關聯性和匯通等，最後透過「水」及「門」的意象，導入「易」作爲「輕易」這個面向。在這些篇章中，精彩處隨手可拾，而哲學深度也時常閃現，有待讀者好好研讀探究。

---

③ 法文 Traité 一字除了有「論著」的意義外（此意義下，對一主題作教科書式的完整覆蓋意義頗強），也有醫學論著（處置，治療某一疾病）的意思，而正好中文古代醫書中也有《傷寒論》這樣的書名。

如何使得間距發揮效用？（代譯序）

國立臺北教育大學藝術與造形設計學系教授（NTUE） 林志明

「如果把差異物化或本質化，那麼這將不可挽回地是一件貧乏且無生產性的事；然而，**使得間距發揮效用**（**faire travailler l'écart**），這又是件完全不同的事情吧？我在我這些試探性論文中所作的正是如此。」①朱利安在此和我們說明了他如何構想其工作的一種方式，而其目的正是爲了「認識中國並且重新發動哲學」。在其中可以發現有關「差異」（**la différence**）和「間距」（**l'écart**）的概念組構，而這是他近三十年來思想路徑中的一個重大關鍵。我們有可能將差異和間距放置於一個互不相容的「對立」之中來理解它們（間距因而被視爲差異的差異）。不過，如果我們觀察朱利安如何使得一個特定的間距「發揮效用」，我們便會理解差異和間距之間的關係將是更複雜的，並會使得前引朱利安的聲明顯得更爲有趣。

① François Jullien, *Chemin faisant, connaître la Chine, relancer la philosophie*, Paris, Seuil, 2007, p. 111.

差異解釋間距

在朱利安的《功效論》第五章「時機的結構」②中，朱利安探討了一個中國和西方思想中都共同處理的主題。這個共同的主題即是「時機」，在希臘文中爲*kairos*一辭，而古代中文則以「機」這個字表達。在他對這個共同主題的討論中，我們很快地便會遭遇「間距」這個意念。

「必須預先看見『時機』，這在西方和中國一致，都是戰略上最具共同性的要求。」（頁八十六）然而，第一個「間距」出現了：西方人，在此尤其是指馬基維利（Machiavel），「在構想這個預見之明的時候，只是爲了防範負面的事物（而不是要以**具有承載力的事物**作爲支撐）。」（同頁）這個間距是如何產生的？爲何西方人無法以正面的方式看待時機的預先設想及推測，不能看到它「具承載力」的一面呢？對於時機具如此化約、受限且偏重單方面的態度是從何而來的呢（《遠遠地就看到了

---

② François Jullien, *Traité de l'efficacité*, Paris, Grasset, 1996.（下文中的頁碼指的是此一版本中的頁碼。）

壞事》）？朱利安使用了一個時機觀中的「結構性」差異來提出解釋。

朱利安的分析起始的確便存在於此一共同主題的不同思維方式。由 *kairos* 一辭的原意而言，時機在西方被思考爲行動的「有利時刻」。它由偶然之中產生並爲技藝所探索。（頁七十九）時機在這種思維之下被視爲一種可增進效力的開放性：「因爲它的協助，吾人的行動得以包容於事物的發展進程，它不再是一種強行的介入，而是得以植入其中，利用其進程中的因果關係，並受到協助。」（同頁）這樣一個「良好的」時刻，「在時間的範疇內的良善」（頁八十），應該是對於行動完全正面的事物，然而在預見它之時，爲何卻只能以其負面的面向受到掌握呢？

在解釋這個間距之前，朱利安先提出中國人對時機的不同看法來作爲對照。在此，時機不再是以行動來作爲考量觀點，而是以（事物發展過程中的）變動來作考量觀點。時機在此不再是由環繞行動各因素有利的聯合綜效所形成的「機會」，並因而「激發行動」，而比較是被思考爲「在已經進行的過程中最適當的介入時刻」。它乃是身處於一個變化的過程之中，並且是「逐漸獲得的潛勢累積所形成的時刻，能釋放出最大的功效」。（頁八十三）

因此，差異是結構性的。在中國式的思維中，時機實際上是雙重的：在那彷彿是即興而起的，如同機會一般的時機背後（在生自偶然中的 *kairos* 背後），出現了另一個時機，而它的位置是在時延的另一端點，也就是在已進行的過程的起始之處。（頁八十三）在這個時機的雙重性思維中，首要的重點是要能看到決定性的時刻乃是處於上游的時刻，而力要著重的是在其「胚胎」階段、「初始階段」，即能分辨出「勢態中的潛力」（先機）。（頁八十四）

這個結構性差異於是解釋了面對時機的態度爲何會形成間距。在西方，時機所屬的時間乃是「偶然的，混沌的，因而是『無法降服的』」。（頁九十）對於它的預見之明因而只能是一種對於可能的壞發展進行防範的準備，因爲它基本上是無法爲人主宰的。不然，就是反過來，以一種能量的突然激發，人們得以自我超越，並以勇氣來戰勝挑戰。（頁一〇〇）時機在此變成了「使得事功得以進行的冒險」，也就是贏得光榮的機會。（頁一〇一）在中國這邊，戰略家的工作乃是審愼地觀察形勢，進而偵測出對方的破綻。如果破綻未能出現，戰略家便只作等待。這等待「聯繫於預見之明」，「因爲破綻乃銘刻於事物的邏輯之中。」（頁八十九）一旦對手的破綻逐漸加大，我們便能對他進行攻擊而不必害怕和他正面交鋒。（頁八十八）時機因此能成爲程序之完成的承載者，而戰略家與聖人相似，而不是與英雄相似，因爲他必須形成虛

待的態度，也就是說沒有特定的注意焦點，如此才能對變化過程的整體加以體察。（頁九十一）

差異構成間距

間距的一大特色便是其動態：就像是距離可以增加一樣，間距可以擴延。但我們也可以挖掘，「深化」一個間距。如果我們前面所展現的，是使得間距發揮其效用的第一種方式，即是以差異來解釋間距，那麼使得間距發揮它的效用的第二種方式，似乎便是使得它更加深化，以便更進一步地加以施展。

朱利安在這方面所使用的策略乃是比較相近的主題，但就在進行比較的同時，也更加完善地展現出間距不屈不撓的存在。比如說，就等待這個主題而言，他提醒說葛拉祥（Baltazar Gracian）筆下的政治家了解等待的重要，以及事情的謀畫必須在時間之中成熟的道理。（頁九十四）然而，間距仍是存在的，因爲等待在他筆下完全被視爲完全是正面的。葛拉祥把等待當作是一種性格上的特徵，而它終究和人文主義理想中的自制及獨立於週邊事物變化狀態相關。（同頁）相對地，中國的戰略家並不優位地重視等待中的緩慢；他的等待是「不急不徐」的，因而是單純地處身於一個自有其規律的時間之中。（同頁）因此，同是等待，其意義卻不相同。中國戰略家的等待和葛拉祥筆下的政治家的等待是不同的。由此，是思維背景中的差異維持了此一間距。因而，即使是在表面接近的主題比較之中，我們仍能看到間距不屈不撓地持續存在。而且由此，我們更能了解間距的擴延，並不是像距離一樣地增加，而是在深度面挖掘。

如果中國的戰略家／聖人並不將等待中的緩慢優位化，那是因爲他完全不投射一個事先構想好的計畫，而是只針對事態的演變加以配合。「親密配合演變的曲線」的這種思維，也曾爲二十世紀哲學家楊柯列維契（**Wladimir Jankélévitch**）所大要構想過。對楊氏而言，時機乃是一個「獨特的」、「脆弱的」，並且「總是即興出現的，未加準備的」時刻。（頁九十六—九十七）但如果楊氏輕觸了這個假設卻未能加以發展，朱利安解釋道，那是因爲他的線索「不能融入任何融貫的思維之中，因而也就不能獲致緻密。」（頁九十七）換句話說，即使像是在這裡的情況一樣，可能性已在此明白地分辨出來了，卻不能持續發展下去，因爲如果沒有比較和間距的工作，思想的基層仍未能被思維到，而此一未思狀態將使得後續發展變得無法思維。我們可以說，由此一思想發展僅能輕輕擦邊的情況來看，差異在此構成了間距，甚或，使用朱利安本身的用語，這裡我們看到的是思想間的「非差異／漠然」（**l'indifférence**）構成了間距。

間距作爲發展途徑的異向奔流

間距在此一章節中的最後一個形象比較是拓樸學意義上的，而不是動態發展上的。間距受到解釋、構成及深化。但它也在生成意義層面上受到發展。它便像是一種路徑的插接：不同的思路曾共同插接到同一個場域上頭，相互地交會，之後又再分離並各自衍生進入不同的領域。

在整個章節末端，西方的時機思維被描述爲一種「遇合」。但這並不是任何一種遇合，而是一種使自我得以提升的時機，一個使得事件誕生的時機。它會踰越極限並創造出破門而入的機會。它因此是自由的時機並且超越了可能性的邊界。（頁一〇一）發展至最後，我們看到的西方時機觀乃是「產生愉悅與冒險、驚奇和未知」。（頁一〇二）終究而言，它和「慾望比和效用更有關聯。」（同頁）快感的邏輯與效用的邏輯，時機意念的發展走上了不同的路徑，採取了相當不同方向。西方的時機觀其發展導向因而比較是英雄主義而不是戰略，而中國的時機觀導向的是一種自行暗自施展的功效思維。（頁一〇三）

「作哲學思維是什麼？而且，以最普遍的方式來說，如果這不正是在思想中打開一個間距？」[③]朱利安如此宣稱。詮釋此處的間距（**écart**）一辭，或許可以用法文 **s'écarter** 的兩個意義來談：首先，那是突破自己的侷限（和自身的思想產生一個間距），同時這也是給予思想一個新的可能（和他人的思想產生間距）。我們在上文透過對於時機的不同態度中的間距，並使它施展其功效，看到差異的使用本身獲得了一種生動力和複雜度。間距可以被解釋、深入及打開。也許，有一天它也可能被要求超越：這不再是使得間距發揮效用，而是以間距進行工作，而這時它會被當作一種資源，以使得不同文化間眞正的思想對話成爲可能。[④]

③ François Jullien, *Chemin faisant, connaître la Chine, relancer la philosophie*, *op. cit.*, p.112.

④ *Ibid.*, pp.113, 115.

敬告讀者

當我們說某一事物有「承載力」（porteur）時，這意謂著什麼——而且不是說它「承載了什麼」，而是絕對性地具有「承載力」？比如說，針對一個市場或一家企業的演變而言。當我們說某一因素是有承載力時，我們意謂著此一因素發展前景良好，而我們也可以依附其上：與其使一切依賴於我們的主動發起，我們承認某些潛勢已存於情境之中，它可以被辨識出來，而我們可任由其「承載」。這個字詞的用法有點模糊，或至少是一直封閉在實用的範圍內，並處於語言的邊界，而我們也不會夢想到要探測其邏輯。然而，在此處我們可以預感有關一種我們在世界中介入方式的視象存於其中；而同樣地，和我們的理論立場難以相合，它卻可以給我們一個溢出它們的機會，並藉此重新思考它們，以發現「效力」的其他根源。

這裡指的「其他」是相對於歐洲傳統而言，或至少是希臘流傳給我們的：它思考效力是由抽象得出理想形式開始，將其建立爲模型，之後將它投射於世界之上，並將意志力固置於此，將其當作有待實現的目標。這個傳統是事先建立的計畫和行動上的英雄主義；根據我們理解它的角度，它是手段和目的，及理論-實際間關係之傳統。然而，我們在最遠處，也就是在中國，發現了一種學習讓效果自行達致的構想功效方式；並不是（直接）瞄準它，而是（像後果般地）含帶它；也就是不要尋求它，而是要收獲它——使它自行達致結果。古代中國人和我們說，只要知道如何善用情境的進展，就能使自己受其「承載」。如果我們不計畫謀略，如果我們不勞作努力或強勢運作，這並不是我們在夢想脫離世界，而是要能在其中更加成功。這個智性並不透過理論-實際的關係來運作，而是只依靠事物的演變，而我們將之稱爲「策略性」智性。在研究它們的時候，我們會反向地問，在我們這邊，即使是那些對立於理念或是道德掛帥，而選擇了「現實主義」的思想家——由亞里斯多德到馬基維利或克勞塞維茨——是否眞的好好思考了效力。甚至，效力這意念本身是否太有限、或是太笨重了，以至於不能掌握如何使/讓現實得以來臨。

在這個效力的問題之下，實際上，有另一個問題逐漸浮現：它不是存有或認知的問題，如同形上學不斷地提問的，也不是行動的問題（這乃是其倫理對照），而是效力的條件問題。因爲問題是，效果究竟是什麼？或者說，眞實是如何實現的？

由仍然深受意志主義浸染的效力問題，到連通內在底蘊的「功效」問題，我們可嘗試去鬆動思想。這裡「鬆動」（décaler）有兩個意思：一是進行和（和我們思考習慣）常規有距離的移動，由一個框架移到另一個——由歐洲到中國並相互爲之——這會使我們的再現得以移動並使思想得以再行發動；另一個意思則是把所依靠的墊木（cale）拿起來：以便開始察覺我們不斷依靠它而能進行思考的究竟是何者，但也就是因爲如此，我們無法對其進行思考。

要進行這樣的鬆動，當然必須要重新陶鑄語言和其中的立場選擇：一路走來，使它偏移它原來受承載，因而即使在我們開口前就會說的——使它開向另一個可能的可理解性，將它帶向其他的資源。

寫作目標與文獻版本

這本論談（essai）回應了本人以道德爲主題的前一本論談（《奠立道德》*Fonder la Morale*, Grasset, 1995），後者是以《孟子》的解讀爲出發。中國上古末期，有兩個思潮越來越清楚地對立著：一方是「道德主義者」，以西元前四世紀的孟子和《中庸》爲最著名的代表；另一方則可以被稱作「現實主義者」，他們在戰國時期激烈的權力爭奪中，以反對傳統和禮儀的教導作爲反應。

在中國，乃是由後一個思潮最明白地發展出有關功效的反思。但我們也會看到，道德主義者本身，尤其是孟子，雖然持著對立的立場，卻有不少殊途同歸之處。這是因爲功效的思維乃是由全體所共有，其差異只來自所採取的「路徑」（道）而已。

——在戰爭方面，主要探討的文本爲孫子的著作（年代爲西元前六—五世紀？）；採用的版本爲楊炳安，《孫子會箋》，中州古籍出版社，河南，一九八六；及《十一家注孫子》，郭化若編，中華書局；本書最好的西方版本爲Roger Ames,

Sun-tzu, The Art of Warfare, Ballantine Books, New York, 1993.

作爲其補充的爲西元前四世紀的孫臏著作，也是一樣非常有趣，但其文本可信度相較差許多；採用的版本爲鄧澤宗，《孫臏兵法注譯》，北京，解放軍出版社，一九八六；參照的版本爲晚近的D.C. Lau and Roger Ames, *Sun Pin, The Art of Warfare*, Ballantine Books, New York, 1996。

——在政治方面，主要探討的文本爲韓非子（西元前二八〇？—二三四）的著作，他是被不當地稱作「法家」的中國獨裁主義思想家中最耀眼的一位；採用的版本爲陳奇猶，《韓非子集釋》，上海，上海人民出版社，一九七四，二卷。

——在外交及我們稱之爲修辭學，但其實是反修辭學方面，主要探討的文本爲《鬼谷子》（西元前三九〇？—三二〇？）。目前此文本沒有可信度完美無缺的版本，而原因乃是來自一般來說，此一文本受到的稀少注意，因而除了古典的注釋（尹知章、陶弘景）外，我還參照了晚近的意見：鄭杰文，《鬼谷子研究》，海口，南海出版社，一九九三（也參考其《能辯善鬥》，濟南，山東人民出版社，一九九五），附帶也參考馮作民，《白話鬼谷子》，臺灣，星光出版社。

——戰爭、權力及言說是三個主要的作用場域。相對於此，《老子》（西元前六或四世紀？）則無法分類，因爲它橫切了這一切。我也希望能使它脫離我們在西方自以爲是地將之置入的神祕主義視野，使它能成爲此一有關功效反思的基礎；有關文本建立及王弼注釋方面，所採用的版本爲《王弼集校釋》，第一冊，北京，中華書局，一九八〇；最好的西方版本爲Robert G. Henricks, Lao-tzu, *Te-Tao ching*, Ballantine Books, New York, 1989。

最後，在我的文本剪輯中，我偏好把《計謀》的合輯放在一邊，比如《三十六計》之類：這一方面是爲了尊重文本的歷史統一性（因爲這些合輯的年代明顯較晚，並且也只是用格言方式重拾之前的元素），也是爲了一開頭便把這些反思由「中國玩藝」之類的說法中脫離出來，後者太經常是我們的思想停止之處。

這本論談，實際上並不是一本有效力的論著，而是一本**有關**功效的論著。如其所是，它延續了《勢》（*Propension des choses*, Seuil 出版社，《研究工作》系列，一九九二）一書中處理的主題，不過這次是爲了走得更遠，思考其框架……

目　次

第一章　將目光固定在模型上

1

下面這個圖示，我們曾經完全脫離它嗎？以什麼樣的程度？甚至，我們有可能脫離它嗎？我們有可能對它提出疑問嗎（「我們」，在這裡是指在歐洲傳統之內，作爲希臘所產生的初起劃分的持續者）？這圖示被吸收內化到如此良好的程度，我們已不再能看見它——我們已看不見我們自己。這圖示是這樣的：我們建立了一個理想的形式（*eidos*），把它當作目標（*telos*），之後我們以行動來使得它在現實中實現。所有這些都是自然之理—目標、理想和意志：我們把目光固定在模型（*modèle*）上，這是我們所設想的，也是我們投射在世界上的，我們並且作了計畫來實現它，我們選擇在世界中進行干預，爲現實賦予形式。而且，在我們的行動中，如果我們越能貼近這個理想形式，我們成功的機會就越多。

這個**習慣**（*pli*〔法文原意爲皺摺〕）在此的意思是**prendre**

un pli，即「習慣」的意思，這裡涉及的是理性的習慣），我們至少可以看到我們是由何處持有它的。這是因爲，世界的創造便應是如此（不過以創造這個角度來解釋世界，這已經是重要的立場選擇了……）。模型的思想自我呈現爲一個模範，這手勢是初起的：柏拉圖對話錄中的造物者只會將「目光不斷地固定」在「不朽的存有」之上，並將它建立爲派典（paradigme），以期在其作品中實現其「形式和屬性」（*idéa kai dunamis*，《蒂邁歐篇》，28a）；而且，「所有祂以這種方式生產的，必然是美的」。然而，建構城邦的匠人，他的模範便是這偉大的匠師：「把目光」放在本質的絕對面，他嘗試能在他的同類的風俗習性中實現他在「天界所曾感知到的」（《理想國》，VI, 500 c）。存在於「天界」中的是永恆的形式、完美的美德，但只有沉思觀照的精神才能加以領會。同樣地，爲了建立政治上良好的憲法計畫，建構城邦的匠人就像是一位「畫家」，他以「神聖的範本」爲工作對象，尋求其細心的複製。即使是演說家，雖然平常是那麼地可疑，只要他不再是個諂媚者，也是把目光固定在理想之上（《高爾吉亞篇》，304 d），而且，在他的演說中，也是不斷地以它爲靈感來源。

要在這些理形（Idées）的力量中看出神話性構思的殘餘，就像打順手牌，是個容易的遊戲——即使這力量曾受到哲學的理性化。柏拉圖主義使可見的和不可見的發生關係，它把超經驗的形式設立爲原型（archétype），並給予它爲可感者賦形的能力，因此這思想仍是受限於「原始心態」的（其例證比如理形的理論和無時間世界之間可以提出的類比，就像是列維－布魯爾在談古代社會時，以接近病因學功能提出的早期精靈德瑪神①）；

---

① 德瑪神（dema deities）原名來自印尼文化，指在人類歷史初期曾被屠殺或犧牲的早期精靈，他們的身體被埋入地下，後來成爲可以食用的植物。列維－布魯爾在其《原始神話學》（*La mythologie primitive*, 1935, pp.27-34）一書中提及這個概念（譯注）。

也就是因此，柏拉圖主義有關效力（efficacité）的構想就是由古老的宗教底層中汲取出來的，然而這宗教底層卻是之後的哲學工作不斷地要將它和自身加以切割分離。因爲我們很清楚，自從亞里斯多德以後，人們已不再相信純粹複本的地位了，而世界的物質也不只是一個簡單的容器，可以讓造物者隨意塑造：規範（norme）不再像是一個由外而來印壓其上的一個不可觸摸的典律（canon），它已成爲內在於事物的中道（juste milieu），而且如此一來，它就和情境產生依賴關係。然而，我們的目光仍是**朝向它**的；即使在此處理想是中道理想，但就像是「良好的藝術家」，當我們想到要如何行動時，總是「把目光朝向」它（《尼各馬科倫理學》，1106 b）。亞里斯多德還清楚細說，我們是「朝向它」，「把目光牢置其上」，「以**進行**我們的作爲」。即使理想的中道和處境及個人相關，它總是一個瞄準的對象（*skopos*），它的完美化先被建立爲規範，之後我們必須使它能在現實中具體地實現。把模型當作是目標這部分仍完好如初，

即使模型轉變為內在，它仍然是目光所朝向的

這是在「理論」層面決定的，而一旦它建立之後，「實踐」便要臣服於它。

理論—實踐的「皺摺」

皺摺於是生成：理論—實踐這一對組便加諸於我們身上——我們甚至不再想像是否有可能質疑它的奠基工作良好與否（而且我們即使重新組構了這兩個項目間的關係，仍然脫離不了它們）。我在其中甚至看到了現代「西方」最具特色的手勢之一（或許這是現代世界的特色之一？——如果說世界是以「西方」爲模型被標準化了）：所有的人都進了這房間，不論是扮演什麼角色，革命家規劃了有待建造的城邦模型，軍事家規劃了作戰計畫，經濟學家則規劃出有待實現的成長率……這些都是投射在世界上的圖式（schèmas），帶有理想的印記，而之後則要像人們所說的，使它進入現實。然而，如果要去的地方是**眞實**，那麼這「使進入」是什麼意思？首先，悟性「眼看著最好的」進行構想，接著它努力以意志來讓這個模型強加於現實之上。強加（imposer）這字眼一方面說於置其上，好像它可以被描摹下來，但也是說使用力量使它臣服其下。然而，這個模型化的程序（modélisation），我們受引誘把它延展到各處，而它的原則其實是就是科學：我們很清楚科學（歐洲的科學，或至少是古典的科學）本身只是一個廣大的模型化工作（而且，那首先便是數學化），而技術，作爲它在實際面的應用，在物質地改造這個世界的同時，測試著科學的效力。

接下來的問題將是，由技術的角度獲致如此成功的，並使我們持續成爲自然的主宰的事物，在處理情境和人際關係時，是否仍有同樣的價值。我們或者可以重拾希臘人所設立的區分：這個我們在生產（*poiesis*）層面所觀察到的模型功效，在行動（*praxis*）領域是否也會同樣有效呢？也就是如同亞里斯多德所說的，這不再是「製作」，而是「成就」的領域。因爲我們即使曾經區分二者，仍是把其一複製於其二之上（當然這是以製作爲模本來複製行動）：即使「事物」在此已成爲人之間的事務，我們仍然較喜歡停留於令人安心的「技術師」地位——匠人或

在行為領域中，我們能停留於技術師的地位嗎？

造物者。然而我們也清楚（而且亞里斯多德是第一個承認這道理的），即科學能將其嚴謹強加於事物之上，思考其中的必要性，並由此獲得技術上的效能，而我們的行動呢，卻是銘刻於一變動不定的背景中：它不能去除偶發事件，而其中的特殊性也抗拒著律法的普遍性：因此，它不能只是成爲科學的延伸。而且，就像是亞里斯多德筆下的物質乃是由相反者所構成的未決定潛能，總是多少地反抗著「形式」的決定，同樣地，世界對於我們所意欲的秩序，從未完全地加以歡迎：在我們爲了作爲所投射出的模型，和將目光固定於其上，我們最終所能實現的，這兩者之間，不可避免地遺留著一個間距（écart）。簡言之，實踐總是多少會出賣理論。然而模型仍停留於目光的地平上。退居天界，理想遙不可及。

2

然而，這也只是歷史的第一句話而已（這歷史是「理論－實踐」之間的漫長歷史）——哲學不能接受這樣的失敗。因爲，在期待了人的科學能力之後，在使得我們窺見本質的完美之後，哲學怎麼能下決心讓人最後變得如此貧乏無援：他缺乏在世界上行爲，成功地爲完成其計畫而運作的能力嗎？事實上，在這個形式與材質之間所進行的可疑論爭中，或像是悲劇元素已說出的，在「最佳」和「必要」之間的爭辯中，亞里斯多德相信他找出了一種心智能力，其導向是實踐性的，而且，承接著理論，它有能力塡補這個間距：這個能力仍是一個知性上的能力（dianoétique），但它同時又直接和行動聯繫，因此能負起所欲求的中介工作。這種實踐智慧，傳統上被稱作「明辨」（prudence, *phronesis*）。明辨即擁有一實踐能力：明辨之人「有能力正確地愼重考量什麼對他是善和有利的。」（《尼各馬科倫理學》，VI, 5）。由於這考量只能作用於偶發事件，明辨並不是一門科學：但它也不是一門技藝（*techné*），因爲它的對象是行動（*praxis*）而不是生產。通過這兩個區分，我們便能辨識它明確的作用：它不再是科學的延伸，而是位在科學之旁，要求理性靈魂的另一塊領地。這靈魂的科學部分專注於觀照所有不能不是它現在所是的事物（形而上學或數學的對象），它的「後勤」的部分則負責行動中的需要，它的工作環境是個持續變動的世界，而在其中它必須計算及考量以獲得較佳的成果。補充它的，還有「一瞥中的準確性」、「精神上的活潑」或是「判斷」（*gnóme*）的能力。它的例子不再是埋首於其思辨的學者，而是「家庭與城邦的管理者」。不再是泰勒斯或安那沙郭爾，他們的知識「艱難」而且「神聖」，但「沒有用處」；那是一位行動派的人物——伯里克里斯：他因爲通曉如何處理人間事務而被哲學恢復了地位。

「明辨」能否成功地填補理論／實踐之間的間距？

伯里克里斯

於是，隨著亞里斯多德，也是在他之後，人們不斷地說哲學回頭來照顧「事物」：在瞄得太高之後，它重新改造革新為「現實主義」。但就明辨而言，我不太清楚那是否眞具備一個「後勤」的能力，可以滿足需要，並以效力爲其原則。首先，爲了以其自身的內在標準來定義這個能力，亞里斯多德落入了一個評述者已強調的惡性循環。他定義明辨如下：「明辨是一種實踐上的秉賦，它爲眞實的規則所伴隨，與對人而言何者爲善何者爲惡有關。」然而這個「眞實的規則」由哪裡來呢？它被認爲應該陪伴著考量並作爲規範，只能由科學而來吧。然而我們知道，亞里斯多德和柏拉圖不同，他不再相信有由普遍完全演繹出特殊或是行動原則的可能；他只能由明辨者本身來定義明辨：科學所不能建立的明辨的標準，只有被大家共同稱作「有明辨力」的人才能提供。亞里斯多德不再相信規範的超越性，於是便被推送到另一個極端，陷入經驗主義之中；這是因爲明辨既然沒有本質可以作爲其定義，它只有透過個人的獨特存在才能被圈定出來：亞里斯多德因爲上溯到人們總是如此稱呼的常識之下，反而變得無法加以說明。這個實踐能力被提出來是爲了塡補理論的缺陷，但要奠立它的價値，結果顯示那是頗不容易的。也許這也是因爲希臘哲學中的知性前提使得明辨力的標準難以掌握，並使得理論走入死巷（亞里斯德並未能脫離這個前提：其證據便是他以「眞實的規則」〔*orthos logos*〕來定義明辨）？

明辨／精明

另一方面，雖然一般人對於明辨的正面看待是亞里斯多德的靈感來源，他並不能或不願將其有關明辨的思維與倫理學上的考量相分開。希臘哲學的習慣是將行動導向道德性方面，而亞里斯多德也未能脫離這一點：即使他是在希臘哲學中就思考有效力的行動這一點上走得最遠的，但這行動最後總還是在其目的中受到超越（明辨者所追求的「益處」並不是個人的利得，而是整個共同體的利益，它以城邦作爲地平，參考《尼各馬科倫理學》，III）。明顯見證這一點的是亞里斯多德如何將明辨對立於精明（*deinos*）：精明是一種將各種最有效的手段加以組合的能力，

精明並不是思想

但和目的之品質無關，明辨則會顧及這一面向。它是精明在倫理

面向的重新掌握，因而它仍是朝向善，而「精明」則會偏離開來。

3

希臘人的狡智

尤里西斯

然而，我們知道希臘人特別喜愛計謀，如何可以相信他們未曾受到精明和成功之道所引誘呢？在各式各樣繁多的行動領域中，他們很早就贊揚狡智（mètis），意即使用迂迴的方式來面對困難。在馬塞爾．德田和尚－皮耶．維農對這項介入於實踐的智性形式所作的優美研究中，他們提出它同時組合了「覺察力、洞察力、預見、精神的柔軟、假動作、機靈、警醒、對機會的敏感」……尤里西斯，充滿巧智的尤里西斯，身懷千種計謀的尤里西斯，乃一位富含狡智的英雄（*polumètis*）。宙斯本人也是先吞下了梅蒂斯女神以吸收她的智慧，之後祂在面對眾神或人的時候，都能抵擋可能會使祂落敗的埋伏。

德田和維農告訴我們，如果說希臘狡智所指的智性能力在多種層面中作用，其重點卻總是放在「實踐效力」，也就是說「在某一行動領域中尋求成功」。狡智最明顯的特徵是，利用一種多少有點欺詐的手腕，並且也利用了環境提供的可能性，它戰勝了蠻力：因爲他在賽車中矇騙了對手，並且也因爲他懂得如何等待他所期待的時機，荷馬筆下的安提洛克成功地將情勢逆轉爲對自己有利。由於它作用的場所是一個變動、多重且曖昧的世界，狡智是一種無限柔軟和不受拘束的智性，它被形容爲「波動多變」、「五顏六色」：由於它要處理的現實經常是由相反的力量所組成的，它也必須維持複多形態並保持動態；而且，爲了能掌握一個持續變化的情境，它必須對各種可能維持開放，並且要不斷地轉變以便適應。比它所要面對的世界更難捉摸及掌握：正是受惠於它的高可塑性，它能在成功沒有定則或固定祕訣之處獲得勝利。它的模範——或至少是它最寵愛的動物園——乃是結合了狐狸和章魚的角色：由前者，它獲得了反轉身軀的靈活；由後者

狡智（*mètis*）

以精神的「柔軟」面對事物的多變

它分享了纏繞獵物並使其癱瘓的能力。就像尤里西斯詭計多端，可以破解對手的攻擊；而又因他善於言辭，可以使別人落入其圈套之中。

在此，我們總算因爲不在任何手段前退縮，掌握了現實主義的普遍教訓。然而，在閱讀德田和維農之後，我們會確信希臘的狡智仍有一種特屬於它的原創性。因爲它仍保有雙重的印記——技術性的和魔術性的印記。雅典娜的確是它的守護神。它的技術面向在狩獵和捕魚中都很突顯，因爲它可由駕駛馬車或船隻的技藝來作例證說明。一個好的駕駛的狡智在於，面對水流無法控制的流動，他可以高度發揮其操控力；雖然這和行動有關，但參照的仍是製作：雅典娜同時是船隻的駕駛者和製作者。另一方面，如果要談到雅典娜和梅蒂亞的陰謀和詭計，人們害怕的是她們的春藥和魔力，她們利用的是和純人類智能不同的、更加陰沉的其他能力，因爲她並未和巫術的世界斬斷關聯，也未放棄魔法。屬於狡智的效力因此並未能由神話的神奇世界中解放出來。

更重要的是，在希臘我們一點都看不到有關狡智的理論。我們可以由其社會及知識實踐中將它覺察出來，甚至有時它會顯得「縈繞不休」，但沒有任何文本爲我們分析它以提供其基礎或了解其手段。而且，在維農和德田研究這個現象時，其唯一的探索資源也只是詢問那些將它搬演出來的神話，因爲它的顯現多少是「以反面的方式」、「溶入在實踐之中，而此實踐即使將它加以運用，也不會在任何時刻想到要說明它的性質或合法化其步驟。」因爲它預設著動態和不可捉摸，因此反抗任何被樹立爲模型的形式，狡智逃脫了身分的穩定化，不論那是以存有或神爲背景，而這穩定化正是希臘心智所致力的。只有辯士派曾經開始使得哲學的智性開向令人不安的狡智資源，但我們知道他們的導向很早就被壓抑了；狡智因而不可避免地「停留於希臘科學的核心之外」（而這個字詞也很早就在希臘語中消失）。知識之所以偏離它是因爲對它不感興趣，因爲知識將發現事物的堅實性和爲世界賦予秩序當作首要之務？或是因爲行動在其中論爭的持續動

此一狡智由思想中逃脫

態，乃是希臘的理論工具（這大部分仍是我們的）所難以掌握的？這種實踐功效總是仍處於未思（impensée）的狀態，至少在希臘這邊——無論我們承認它多麼重要，或是我們在提到它時感到何等的歡欣。

4

關於思考行動之運作的困難，思考戰爭即一明證。這是因爲，戰爭實際上是行動的激進化和極端化，而戰爭正好能表明，以一種模型化的方式，並且封閉於技術性思考來想有效的行動，將會走進死巷（而且我們開始看到，這兩種思考方式是相連相繫的）。這裡，我會請出克勞塞維茨對此點的發言作爲見證。他是在十九世紀初，也就是我們傳統的另一端發言，而那時他總結檢討歐洲爲了將戰爭理論化所作的努力。請他作見證的原因在於，他在此總結中看到的是一個失敗。失敗的原因，他說，首先是因

例證：將戰爭理論化的失敗

爲我們構想戰爭的方式和構想其他事物沒有兩樣，乃是由物質生產的角度出發。但就是因爲如此，我們錯失了其中眞正積極的原則：戰爭的科學先由專注武器生產下手，以及建立要塞、組織軍隊和軍隊移動的機制，因此，也就由原初的攻城術和作戰術演變爲一種越來越繁複的機械性藝術。當這理論企圖將這些物質與料系統化時，它是把戰爭中的優越化約爲單純的數量優勢（於是就使得數學法則變成了戰爭的基礎）；或者這是把戰爭中的一個相關元素幾何化（比如軍事力量和基地之間所形成的角度，這一點參閱凡布羅的理論；或所謂內線的理論，這一點參閱德約米尼的理論）。「其獲致的結果是純粹的幾何性質，毫無價値」，克勞塞維茨如此嚴厲地下了結論。這樣的理論是單一的視野，無法分析變項，並且單談物質面，「無法支配眞實的生命」。戰爭行動看來是抗拒被理論化的，那麼要解明軍事成功的意涵，就只有抬出天生的秉賦和天才（我們知道天才不需要理論）；而眞正的戰爭行爲的描寫解說，克氏認爲，就只有在「見證者和回憶錄作者」筆下以「附帶和匿名的方式出現」。

那麼，克勞塞維茨本人如何超越這個難題來思考戰爭呢？一開始，他的思考步驟會令人驚訝。因爲他先由構想戰爭的「模範」形式開始，也就是它純粹本質的理想狀態，那便是「絕對戰爭」，接著就是相對以「眞實戰爭」，那便是參照事實來對理想進行修正。即使他認爲直到當時，有關戰爭的思考走錯了途徑，而沒能看到其對象的核心問題，因爲這是想要把不能模型化的事物模型化，克氏本人卻未能走出理論－實踐的組構：他脫不出西方思考行動時的共同皺摺，沒別的法子，他只有重新運用傳統的模型和現實的組構關係，將其中的項目一一對比，並且思考兩者的間距。依他的模型而論，戰爭含帶著力量的無限使用，於是可以邏輯地推論，因爲戰爭是具相互性的行動，戰事傾向於朝極端發展（其目標因而是完全的毀滅）。然而，一旦「由抽象進入到現實，所有的一切就會披上不同的外形」：因爲戰爭從來就不是一個孤立的動作，也不是由單一的決定所形成的，其結果也從不會是絕對的，因此，構成戰爭本質的極端傾向在現實中總是要多少打折扣的（只有「戰爭之神」拿破崙才能成功地使戰爭完全符合其概念）。這個稀釋的問題，甚至是克氏所提出的最有趣的問題之一：構成戰爭原則的「能量完全釋放」是因爲什麼樣的「絕緣介質環境」才受到阻撓呢？克氏既不能脫離「理想」戰爭與眞實戰爭間的理論—實踐關係，又過度清晰地意識到這樣的關係會使得現實脫離掌握，他終究成功地運用它——但那是用反向的方式來加以發揮：戰爭的特點正是來自此一理論和實務間的不一致。正是戰爭的實際和其模型間不可避免的距離構成了戰爭：思考戰爭，即思考戰爭如何成爲自己概念的出賣者。

戰爭的本質即無法為其模型所掌握

這就引導出下面的問題：戰爭行動的理論要在什麼樣的條件下才能成爲可能？（這就好像是康德在問的：形上學的可能性條件是什麼？或者，在牛頓之後，上溯得更遠：物理學的可能性條件是什麼？）然而，我們必須承認，在各式各樣解說行動世界的邏輯形式中（這其實是以解說知識世界的形式爲範本加以複製的），「律法」雖然是其中最嚴謹的，卻不能運用到戰爭的行為上，因為其中現象的多變性及多樣性太高：我們只能求助於「方法」，但這並不是邏輯意義下的方法，而是指「類似個案的平均或然性」。這是為何會產生一種因適應而來的「常態」舉動，內化之後逐漸「成為習慣」，並且演變為「例行公事」，因而在緊急的行動中，就可以「接近無意識的方式」運用出來（而這就是可以方便軍事機器運轉的「專業手藝」）；它可以使人在無知於情境的某一特殊決定狀態時，仍能「以較不壞的方式」反應。不過，這種「方法」，它的應用是持續而劃一的，它「產生了一種機械式的才幹」，然而一旦在責任的層級中越往上升，並且脫離戰術而邁向戰略時，這方法就越不能適用：我們越是處理整體的行動，就越需要使用「判斷力」，也就是如何研判情境的特殊性，而這有賴於個人才能。在這個層級，面對大規模軍事行動總是獨特且全新的特性，公式化因為含帶著重複，便會產生最嚴重的危險；而理論便是不可避免地要在它和模型的不可能性相磨練的情況下推進。甚且，克勞塞維茨的戰爭思考也不宣稱除了「教育」未來戰爭領導人外，它能達致其他事情；或者，還更謙虛地只是「在他的自我教育中加以引導」，只是提供他「展開其判斷時的參考座標」：總之，給予他適當的「教養」，而不是「陪他上戰場」。

然而，雖然他挑戰以抽象的模型化投射至事物演變上，但只要他不滿足於只是思考戰爭，而要和我們談論如何進行戰爭時（因爲他不能一直保持這麼低的姿態），克勞塞維茨就不能在構想如何作戰之時，不先提出一個「作戰計畫」。這個計畫仍是「整體作戰行動的骨架」，它是根據目標，設定了一連串適合達到目標的行動；即使「當困難存在於執行面時」，也不應該在面對一時的「外在強大力量」時，讓自己流於困惑，甚至懷疑。於是，當克氏以實踐上的必要性爲角度時，他還是回到其理論思考已加以動搖的圖式：首先由知性來構想一理想形式，接著以意志貫注之——這是會「碎裂障礙」的「鐵的意志」——以使得此一計畫得以成爲現實……不過這裡仍要加一個按語，即對此一原初的作戰計畫，戰略將會被引導到對它進行後續調整：「就像所有的事物，而戰爭特別是如此，事情的發展和原先預料的會有所不同」。先前的戰爭理論家想錯了，他們以爲戰爭是將意志的行動「運用到一個無活動力的物質上」，戰爭中的客體其實「是活生生的而且會反應」，因此很自然地，這個有活力的反應其本性就是不能爲任何事先建立的計畫所掌握。由此克氏所達到的結論又回到了原先我們已知的死巷：「因此很明顯地，在一個像是戰爭這樣的行動中，以普遍條件設立的計畫是如此經常地爲未預期的現象所擾亂，就必須爲才能保留更多的發揮空間，而且尤其不要依靠**理論指**示。」

克勞塞維茨創造了一個概念來思考以理想模型進行行動所招致的失敗，那便是「磨擦」（friction）。這個概念足夠普遍，使得我們可以區辨眞實戰爭和書中讀到的戰爭，因爲「受到無數次一級的意外事件的影響，戰爭中所有的一切都降了一級，而無

「磨擦」、「機械」

法在紙面上仔細檢視，因此我們便難以達到預先設定的目標」。克氏提出磨擦，因爲他並沒有放棄以機械模型來思考行動（以及相應而來的技術觀點）：軍事「機器」的「潤滑」作得再怎麼好，還是存有無數的摩擦點，而它們再怎麼小，仍會逐漸凝聚成爲足夠廣大的阻力，而使得行動偏離預定的軌道。「在戰爭中，一切都是簡單的」（根據原初計畫），「但其中最簡單的事情就是最困難的」（也就是說，當我們進入執行的時候）。克氏說，這個困難可以和另一個困難相比擬，那就好像是我們要在水中精確地進行一個像是走路那麼自然的動作時，突然感覺到的困難……當我們在進行它時所發現的戰爭，和我們思考它時所能有的輕易性，其差異是一種整體性的差異——就像是「氣候」或「環境」一樣：想要用更多的理論來努力縮減此一差異將是虛幻的，唯一有效的是習慣成自然，而這是透過訓練，也就是實踐上的努力。

不過，如此這般的「戰爭教養」也永遠不能解決此一間距。西方哲學自從亞里斯多德以來（也許甚至在柏拉圖就已經開始了），有關理論和實踐之間的哲思，以「明辨」爲其第一道環節，而這其實是古老英雄「狡智」在倫理層面上的重新把握。但即使有這些哲思，眞實和其模型間的斷裂並沒有辦法被吸收。這是爲何克勞塞維茨談及戰爭時只能將此一理論的缺失再加以理論化。人們可以料想到戰爭不是一門科學；但克氏又再加上一筆，它也不是一門藝術：他說，甚至令人驚訝的是「藝術和科學在意識型態上的圖式能運用在這個活動上的是那麼稀少」。克氏也非常良好地掌握了其中的理由：因爲這活動的客體是一個**活生生而且會反應的**客體。即使如此，這些被我們批評的「圖示」（schémas），卻不是能輕易逃脫的——我們閱讀克氏著作時又再將這一點衡量了一遍。

第二章 或者，乘勢而為

1

中國思想可以使我們脫離這個皺摺。因為它沒有建構一個以理想形式（比如原型或純粹本質）構成的世界，把它和現實分開，並且以它來模塑世界：所有的眞實對於中國思想而言，都是一個規律和持續的變化過程，只是由其中相關元素間的互動產生（有如著名的陰陽，它們同時既是相對的也是互補的）。因此，秩序不是從我們以眼光加以固置、並將其應用於事物之上的模型而來；它完全包含在眞實的流變之中，而且以內在（immanent）的方式引領，並確保其中的**可行之道**（viabilité）（這就爲何在中國思想中，「道」這個主題無所不在）。中國的聖人提供的是澄明事物變化之理，以使自身行止和其相符，因此，他並沒有構想一種純屬認知的觀照活動（*theorein*），並把這活動當作是其自身的目的，甚至就是至上的目的（幸福），並且是一種無利害關心的活動。對於中國的聖人而言，「世界」不

如果我們不再通過理論—實踐關係

是一個思辨的對象，而「知」與「行」則是不能分離的。中國思想也不以邏輯關係來認知理論和實踐：它之不認知，不是因爲無知，或是因爲它仍停留於孩童狀態，它只是在這一點之**旁側**通過。就好像它也由存有的理念或上帝的思想的旁側通過。

路途分離的開始

另一個差異也出現了，而且我們要把它作最深遠的把握——這個差異可以重新打開可能性，並使我們的傳統其中深陷的視象得以變動（所有的傳統都會如此，中國的傳統也是如此——而且，這其中的確是有個**傳統**的），它還可以使我們上溯我們內隱的選擇（我們把它當作是不證自明的道理來傳遞，但因爲有這個後撤的機會，我們現在能夠加以探測）。我們把被這個被標示的差異聯繫到以成效爲共同探討重點的問題之上：中國的聖賢並未標舉出一個模型，並將其視爲行爲之模範，他的注意力都集中在其自身參與其中的事物的演變過程之上，以便勾勒其內含之理，並由其中的變化獲益。然而，由這個差異我們可以推導出一種行爲上的另類選項：與其建構一個理想形式，並將它投射在事物之上，不如專注於探尋事物形態組合中的有利運作元素；與其爲行動固置一個目標，不如任由事物變化的傾向來承載自己；簡言之，與其將自己的計畫強加於世界之上，不如利用情境中的變化勢態。

利用具有承載能力者

由遠處來閱讀，也就是說以我們的傳統所給出的視野爲角度，可看出孟子所引用的一句齊國諺語（即使孟子是一位道德主義者），以其方式總結了這種另類的可能性（在中國上古時期的最後數個世紀中，和更具傳統的魯國相比，齊國的文化集中了有關成效的興趣）：「與其擁有精明的才智，不如利用情勢」（雖有智慧，不如乘勢）：「與其手執犁鋤，不如等待時機成熟」（雖有鎡基，不如待時）（《孟子》，〈公孫丑上〉，一）。實際上，智慧和戰略在此會合：與其憑借工具，不如借助情勢的演變以達致期待的效果；與其夢想設立計畫，不如利用情勢及其演變中所含帶的事物。因爲所謂的「勢」遠超過或甚至完全不同於狀況元素的結合，即使這結合是良好的：它身處規律演變的邏輯之中，它會自行發展，並且可以「承載」我們。

在中國古代的戰略思想中，因此有兩個成對的意念：一是情境或狀態的組合（形），它是已經實現並且在我們眼前成形的事物（這是力量關係）；另一個事物和它相對應，乃是潛在的傾向（勢），它含帶在這個情境之中，而我們可以影響它，使它朝向對我們有利的方向發展。上古的軍事論著（《孫子》，卷五，〈勢篇〉），以激流的形象來比喻勢，當其盛大，甚至可以挾礫石以俱下，或是以已張好的弓弩來代表它，蓄勢待發，表示箭已準備好，隨時可以射出。就像中國文獻中常有的狀況，並沒有什麼理論性的解釋，我們要做的是詮釋這些形象：由於激流的水平高低落差，以及河床的狹窄（因地形起伏形態而產生），這情境本身便成爲效果的產生來源（激流被形容爲「求之於勢」、「任勢」）；同樣地，在機弩這邊，機制在發動後自行運作：它是一個配置（dispositif）。

在辨識出勢之後，中國的戰略思想家致力於發展其中道理。不過，勢質疑了人文主義對成效的思考。從此之後，當我們投注個人心力以努力改造社會時，其重要性便不如由情勢所造成的客觀制約：我必須施展這情勢，利用它，而它單獨即足以決定成敗。我只有任其自行。倘若如同文獻之後所說的，力量的強弱是情境所產生的（「強弱，形也」），那麼勇敢和怯懦是因（形所帶來的）勢所產生的（「勇怯，勢也」）。勇敢和怯懦因而是情勢下的產物，並不是屬於我們個人所特有（因而我們也可加上一句，說這就不是我們的責任範圍了）。如一位注釋者（李筌）所解說的，如果軍隊獲得戰略上的勢，「怯懦者可能變勇敢」，失去了勢，「勇敢者可能變怯懦」（夫兵得勢則怯者勇，失其勢則勇者怯）。這是爲何書上繼續說，好的將軍在形勢中尋求成功，而不是要求下屬爲他辦到（故善戰者，求之於勢，不責於人）。他善用形勢與否，決定了下屬的勇怯。換句話說（王皙），勇怯乃是此一形勢的「轉換模變」。

是情勢產生了戰鬥中的勇氣

我在歐洲思想中，唯一能找到和勢相類同的理念，乃是在力學中尋得的：這便是力學所稱的「情境中的潛在能量」（不過，這裡談物理學而不是道德，是可以運用在生產之上的科學定理，是動能的理論，而不是舉止的規則）。我們可以舉這篇戰略論著結尾作爲例證：「善於利用情勢的人，在戰爭中使用人員，就像在轉動木石。木石的特性就是在平坦的地方保持不動，在傾斜的地方就會運動。其形狀如是方的，就會停止，如是圓的就會滾動：善於運用軍隊於作戰，其勢態就彷彿由高山上滾下圓形的石頭。」（任勢者，其戰人也，如轉木石。木石之性，安則靜，危則動，方則止，圓則行。故善戰人之勢，如轉圓石於千仞之山者，勢也。）斜坡在這裡是作爲源自力量關係的形勢的形象，而戰略家應善加運用來動員其軍隊：注釋者們強調，效果便會由其中自然而然地（*sponte sua*）產生，並且是無法抵擋的；因爲傾向已經銘記在形態組合之中（和地形起伏及石頭的圓形同時有關），結果將可「輕易」獲得。

我們不應把這個**情境中的潛在能量**限制於戰爭的場地上。

傳統以更寬廣角度來看它——尤其是以下面三個相連貫的面向為角度。（參考李靖〈兵有三勢〉）首先是在勇氣這一面向上的潛勢：「當將軍賤視其敵人，而軍隊喜愛作戰，其氣慨震天，其能量便像一團旋風」（將輕敵，士樂戰，志勵青雲，氣等飄風，謂之氣勢）；這也是地形上的潛勢：當隊形長而緊縮，道路變得狹窄起來，一夫可以當關，而千人莫能穿越（關山狹路，羊腸狗門，一夫守之，千人不過，謂之地勢）；最後：當我們可以利用敵人的鬆懈和疲乏無力，當他因為饑渴而精疲力盡，「當他的前進部隊位置還沒站穩，而後方的部隊還在渡河」（因敵怠慢，勞役飢渴，前營未舍，後軍半濟，謂之因勢）……在所有這些狀況中，懂得利用情勢的人便可輕易獲勝。或者，使用某一個注釋者的話說，這是「用力少而得功多」。

古代的戰略論著毫不猶豫地把這一點充分地施展——甚至到讓我們吃驚的地步。其原因是中國的戰略家為了增進這種情境中的能量，不只會利用地形或軍隊狀況中對於敵人不利的因素，他

用力少而得功多

們也會將情境處理到自己的軍隊必須極致地發揮勇氣。要達到這一點，他將軍隊置入險境，使他們必須全力奮戰才有生路（《孫子》，卷十一，〈九地篇〉）。他只在「死地」中進行戰鬥，也就是說先使得自己的軍隊深入敵方陣地；這就好像是先讓他們上了高處，再除去其梯子〔如登高而去其梯〕：當他們無路可退了，便只有拼命作戰。他並不要求其部屬有本性上的勇敢，彷彿那是一種內在德性，而是經由他將他們擲入危險的情境之中，使得他們必須如此。他們即使不情願也不得不然。但反向的情況也是眞的，當他看到敵人陷入無法逃避的情況，因而只有誓死作戰時，他也會故意網開一面，使得敵人不至於盡全力作戰。①

① 馬基維利在其《戰爭藝術》一書中也寫道：「有些將軍使其軍隊必須奮勇作戰，因爲除了勝利之外，別無拯救。這是使得士兵奮戰不懈的辦法中，最有力及最具確定性的一種。」（第四章）；反向的思考同樣爲眞：「從來不要把敵人逼到絕望的地步，這是凱撒和日爾曼人作戰時實踐的規則；他覺

2

根據這些古老的兵書，中國式戰略的核心就在於利用情境中既有的勢態，並且藉由它在事物的變化之中承載自己，既然如此，就會排除在事先構想計畫來預先決定事件的發展過程，並把那當作一個彷彿即將實現，且或多或少已經決斷的理想（如同克勞塞維茨所謂的「戰略計畫」，「由它來決定戰鬥中的軍事力量何時、何地、及透過何種戰鬥力來投入戰爭」）。中國的戰略家克制自己不向事態發展投射任何他個人的構思或意願

察到征服的必然性給了對方新的力量時，他便打開一個通道給對方，寧可花力氣去追逐他們，也不願意冒在戰場上將其完全打敗時，所可能產生的危險」（第六章）。但馬基維利只是用注解的方式提出觀察，並沒有提供可以使其成立的意念。在西方戰略理論中，只是匆匆瞥見的事物，中國的思考卻使得它更能被解讀，並成爲可以思考的對象。

應該如此的想法，因爲他正是想由這個邏輯上會自行演變的事態本身中，找到可以獲益的方式。如果說在進行戰鬥之前仍必須進行某個操作（在「祖廟」之中進行，如同我們是在「會議室」中進行），那麼這行動不應該是計畫而是「估量」（「校」的意念），或者更精確地說是「計算」（「計」的意念：事先以計算的方式進行評量）：戰略家應精密地評估作戰中各方的力量，計算出對於不同陣營有利或不利的因素，甚或是勝利所由出的因素。我們開始閱讀的這本古代的兵書，其起始即系統性地說明如何嚴謹地進行事先評估（而且這也是不可或缺的；《孫子》，卷一，〈計篇〉）：其中有五個基本的標準（精神狀態〔道〕、氣象狀態〔天〕、地形狀況〔地〕、領導指揮〔將〕、組織系統〔法〕），並以它們來提出一組固定的問題：1. 哪一方的君王能使得軍隊達到最佳的精神狀態（主孰有道）？2. 哪一方將領最有才能（將孰有能）？3. 哪一方最能受益於氣象及地形的條件（天地孰得）？4. 哪一方的命令最能受到執行（法令孰

由考量情境開始

評估的系統

行）？5. 哪一方的裝備最好（兵眾孰強）？6. 哪一方的官兵受到最好的訓練（士卒孰練）？7. 最後，哪一方的紀律最好（賞罰孰明）？戰略專家在此可以結論：「由這些問題的解答，我即知道誰輸誰贏」（吾以此知勝負矣）。因爲這一組問題對敵對情境的各個層面加以估量，而由其中會發展出一個態勢，只要加以運用就足夠了。

實際上，便是在由估量到勢態利用的過程中出現成敗的關鍵。要細讀這部古老兵法的文句：「既然已了解並運用前述七個用以計算情境對何者有利的項目，我們乃創造出一種情勢，可以由外部來協助」（計利以聽，乃之爲勢，以佐其外）（意即這是在估量的規則之外，因而是在戰場上）。於是便有了以下的定義：勢態即「以利益來決定情境因素」（勢者，因利而制權也）。在這樣的了解之下，情境便不再是因爲其特殊而不可預期的決定，而磨蝕投於其上的計畫者；反之，正好因爲它的可變性，情境逐漸地被情境中發展出的勢態所影響，並使得受期待的利益可以來臨。我們如此便離開了一個模塑（modelage）的邏輯（以一個計畫—模型來形塑事物的邏輯），也離開道成肉身（incarnation）的邏輯（理念-計畫在時間之中具體化），進入到一個**演變發展**（*déroulement*）的邏輯：讓其中含帶的功效受已進行的變化過程影響並自行發展。由此開始，所謂的環境因素就不只是—甚至完全不是——那「位於周邊者」（*circum-stare*），像是附屬品或細節（陪伴著情境或事件中的核心事物——並由此指向一本質的形上學）；勢態乃是透過它而來——因爲它即是**情境中**的勢態。結論：勢態是屬於情境的——只存在於情境之中——而且情境也是屬於勢態的（因此就是要由情境中的勢態裡取得利益）。

環境因素不再是「位於周邊者」

它不再磨蝕計畫，而是創造勢態

因爲，就像一位注釋者（杜牧）沒忘記提到的，即使可以透過事先的計算來斷定勝負，情境中的潛勢，卻不能「事先看到」〔夫勢者不可先見〕。這裡的事先指的是在動作之先，勢不得見，只能探測，因爲它是不斷地變化的。在一個相互對抗的過程裡，互動實際上是持續的：它在每一個時刻發生，「因敵之害見我之利」或相對地，「因敵之利而見我之害」。這也就意謂著「情境中的潛勢便是在變化中獲利者」（勢者乘其變者也）（王皙）。勢的想法因此在此論著中建立起一個聯繫，它可以連結原先以固定規則進行的計算衡量，以及後來在過程展開後，對情境所作的利用。之所以如此，是因爲在行動過程中要不斷地欺騙敵人，要不斷地適應他：如果他受利益誘惑，我便加「引誘」（利而誘之）；如他陷入混亂，我便加以「奪取」（亂而取之）；如果他很完實，我便增加準備（實而備之）等。或者，如果他盛怒沖天，我便「使其屈撓」（怒而撓之）；如果他僅慎地採取低姿態，我便「使其驕傲」（卑而驕之）；如果他狀態良好，我便使他勞累疲乏（佚而勞之）等。由於面臨敵人，我是不斷變化的，因而不能事先宣布要如何戰勝他（兵家之勝，不可先傳）。換句話說，這便是（李筌）所謂：「戰略無法預先決定」，只是「依情勢而得以成形」（兵無定法，惟因勢而成）。

由作用因素的評估至其利用開發的可能性

讓我們回到歐洲這邊。當克勞塞維茨總結戰爭理論家所遭遇的失敗時，他將它們歸結爲三點（《戰爭論》，II, 2）：第一、這些（西方）理論家追求的是「定量」，「然而在戰爭中所有的計算都要用變量來進行」；第二、他們只考慮「物質的量」，「然而戰爭行動是完全爲精神和德性的力量及其效果所穿透」；第三、他們只考慮交戰的一方的活動，「然而戰爭的基礎卻是由兩方面互相作用所不斷產生的行動」。相對地，我們觀察到，中國古代兵書所精煉的戰略構想，乃是由此一主導的情勢理念出發，也同樣地擺脫這三個批評（我們由外部檢視可發現這三個理由同源並行，出自同一個邏輯）：第一、中國思考情勢時是將它當作變量，它不能被事先決定，因爲它來自持續的適應；第二、潛勢所源出的校計無困難地結合精神和物理的因素（同時考慮使得軍隊團結的士氣問題及物質面的組織和軍備）；第三、相互性這個層面即存在於情勢構成者的核心（對他人不利者即因此對我有利），而在中國，戰爭就像其他過程一樣，是以兩極間的互動

這時我們便能了解戰爭是「活生生且會反應的」

來思考的。

結果是，中國的兵法不必透過理論—實踐的關係（勢的意念以它自己的方式聯繫了初期的計算和環境的變化）。這麼一來，它便能擺脫西方理論至今仍必然無可避免要承受的消耗（就理論來看實踐必然產生的消耗）——克氏自己也無法避免。簡言之，它不會遇到「磨擦」；這是因爲，即使出現在眼前而且不斷變化的情境，雖然會威脅到所有事先設立的計畫，但相反地卻是它使得情境中所含帶的潛勢得以發生及展開。以西方所特有的思考工具，即其帶有形式化及技術性的思考特質，當它在思考戰爭行爲時卻是奇怪地匱乏，只能談及其周邊事物（其準備或物質條件），但就是錯過了現象本身（而克氏其實已經確認了它：即一個「活生生且會反應」的事物）。如此一來，克氏從未完全放棄的唯一出路，便是提出偶然或天才。對照於此，中國思想中的智性所發展出來的，卻是充滿了**策略**的特性。自上古末期開始（西元四至五世紀的三國時代），中國的兵書即已對這一點提出邏輯

不再有「磨擦」、「偶然」或「天才」

一致的說明，而且由此一時代起，這個思想特質還深入了人類活動的其他部門，比如外交及政治。

3

實際上，朝廷裡的謀士和戰略家都得遵循同樣的道理。當外交官在外締結盟約，或是在內想要吸引君王聽從他的意見，都必須由嚴謹地評估情境開始——這包括政治面的「衡量」權勢實力及「揣測」其夥伴的內在心理（必量天下之權，而揣諸侯之情）（《鬼谷子》，〈揣篇〉第七）。衡量相關的權勢實力也是要透過一系列的項目，和前述的相同，其目標都是要由各個面向來掌握情勢：審度各國的大小，估量其人口多寡，秤量其經濟規模及財富等；也要就地形的險要程度或戰略智慮能力來比較其利害長短，或是以君臣間的關係進行探討等；或者是推測哪一個盟國可以依靠，人民的愛好是向著誰，而如果政局逆轉對誰較有利

外交方面也必須進行同樣的系統性評量

（亦參考〈飛箝〉第五）。把這樣系統性的問卷好好回答，並使得所有的資料匯集在一起，政治謀士對於相關的元素就能達到充足的認識，因而可以確定他介入其中的操作的後果（如果他會有所「不合」，這是因爲他對情境的認識還不夠充分；〈內揵〉第三）。對於君王的估量，要點是其好惡，目標是要能必然地取悅他，以便獲得其關愛，使他和自己站在同一邊並進而指揮他；面對其他人，則考量其智性，才能、氣勢，以便使其成爲可操控的「機樞」。

在這個領域裡，也沒有製作計畫或是設定行爲規範的需要：因爲要能任意地操控他人，別無他法，只有在將其好好估量之後，再加以適應；各種情況都可加以利用，並由其中獲利：道德要求高的人，將會輕視財貨，無法利誘，但可以使他花費來讓我獲利（夫仁人輕貨，不可誘以利，可使出費）；勇敢的人不會害怕患難，但我可以使他面對危險而獲利等（勇士輕難，不可懼以患，可使據危）（〈謀篇〉第十）。這本古老的外交論著樂於進行細部的描述，說明當我在持續地配合他者的同時，從不使我和他相異，就不會引發他的保留和抵抗，而這時我的掌控逐漸擴大，並可對他加以操縱。因爲我是無限地柔軟，在所有方面都能伴隨情境發展，既不強迫它，又不使它僵化，我對於情境一直是保持虛待的態度，我本身並不作預想亦不進行消耗：如果對方起疑，我便「調整」我的行爲（因其疑以變之）；就他所知的，我「證實其爲眞」（因其見以然之）；就他所說的，我「使要點出現」（因其說以要之）；根據他的勢態，我「使某事形成」（因其勢以成之）；根據他所厭惡的，我「調節適應」（因其惡以權之）；就其所懼怕的，我「斥除」（因其患以斥之）等等。對方因而是在一種對我持續的滿意中演變，而這使他逐漸地失去武裝，並使他臣服於我。面對他者（尤其當這他者是君王的時候），我的行爲總是很謹慎，不進行冒險，既不進行投射，也不事先置入任何事物，而是相反地，和事態一同產生相當吻合的變化，使每次的演變都可以給我一個可獲利的把柄；我使自己如此

吻合情境以獲利（而不是要模塑它）

持續地爲情勢所承載著，我的影響力便能持續地擴展。這方面的形象是很強大的：聖人「旋轉」如圓，以便一次次地尋求對他而言是「適合」的情勢（轉圓而求其合）。因爲他不因任何預設方案而導致不能行動，也不陷入於任何計畫之中，他的策略是深不見底的，對他人而言是「不測之智」，對他本人則爲「無窮之計」。

於是，這個有關外交的思考很邏輯地把我們帶回到**情境中的潛能**（同樣的**勢**的意念）這個理念。因爲我之所以能對他人產生支配力，並不是因爲我的努力，也不是因爲運氣（而且兩者在此終會失敗），而只是因爲我善於由已進行的過程中獲取利益：我利用有承載力的元素來支持自己，並且知道如何將它們由情境中分解出來，使它們轉向對我有利的方向作用。在這個領域裡，具有和軍事領域同樣具決定性力道的說法：「要建立情境中的潛勢才能經營事物」（立勢而制事）（〈飛鉗〉第五）。爲了建立它，首先必須如前面已經看到的，精密地衡量情境（就外交的脈絡而言：檢視誰是其同一黨派，分辨何者同意，何者不同意其話語，觀察何者在「內」，何者在「外」等）（必先察同異，別是非之語；見內外之辭）。將情境中的潛勢在演變過程中加以聚集，最後便能得到最具「決斷性」的支配力，而不會勢敗（《本經陰符》）。因爲這個（情境的）潛能，便是利益和損害的分辨，因爲它以它的權威，影響著變化（勢者，利害之決，權變之威）。我們很自然地回到圓石由坡上滾下的意象；並因此可以結論說「勢態使然，不得不如此」：就像有戰略上的形勢，也有外交上的形勢，而它們所產生的客觀制約也是同樣具決定力的。

勢態決定著情境的變化

4

現在由社會及政治組織層面來檢視這情境中的潛能：它在此轉譯爲**有力的地位**（勢），產生了權威，而產生效力的落差（參考由斜坡上滾下的石頭）則和其中的品秩位階相符應。此地位創

政治上的潛勢即勢位

造了一個遵守命令的傾向，並由它產生了影響力：利用它的優勢地位，可以使手下願意聽話——但這現象和個人的價值無關，也不因其努力而改變，甚至也不必去尋求。我們不必投注心力或花費力氣。這種受服從的傾向只因爲所占的位置而產生。簡言之，是由地位而不是由個人產生了這個效果。

這個由此可以自發地流洩出權威的特定地方，即是王位。我們看到圍繞著勢位的意念，在中國上古時期的晚期建構起一個重要的思想運動。它的目標是要把王位抬高到成爲絕對權力的源頭。但它的方式並不是其他地方可見的，或是像其他中國曾出現的學派（儒家），召喚超越界，並以某種神聖意志之名；而且，它也不以人們之間爲創建社會秩序所簽署的政治合約爲名；它唯一的名義便是功效：君王只以他所占的位置是在上的，就能由此散發出一種可以使整個帝國充滿秩序的權力——只是依靠其中所散發的勢態，便能因此擁有一種純粹的客觀性，不必依賴那總是不穩定的人的品質。這些威權主義的擁護者——在西方被非常

受服從的傾向

不正確地譯爲「立法者」（légistes）（因爲他們對法律的構想方式和我們的法律理念完全不同），因而曾經嘗試將此勢位集中於一人身上，即位居萬人之上的君王。由此，他們也把政治關係轉化爲一種純粹的權威配置。潛勢所從出的位階落差仍持續存在，但可乘之情勢，則因爲以君王爲端點而出現僵化。原本是充滿動態的，現在卻靜凝於單一的場域：如同尺材立於高山之巔，人主乃受眾人同心共力之承載、而俯視他們。（《韓非子》，第二十八章，〈功名〉」）

但由此無限流出服從的主宰位置要如何構想？由他所在的地位，而且就是因爲他的權威位置，君王手上握有獎勵和懲罰這兩個權「柄」（這兩者都是用最嚴格的標準來設立的——這即是「法」——，它們爲所有人認識並受規律地應用）。只以其本身，操弄恐懼和利益的這兩個槓桿即足以構成一充足的配置，同時鼓勵和壓迫，將人性玩弄於股掌之上。（《韓非子》、第七章，〈二柄〉）並且，這些威權主義的護衛者（他們也是極權主

權威的地位構成了一個配置

義的發明者）清楚了解我們能對他人施展的權力，其最切身的本質存在於我們所能獲得有關他們的知識，因爲這時我們能強迫他們持續處於透明之中：人們越是不能躲藏，就越會臣服；揭露的目光使我們癱瘓。利用此一研發得非常精密的系統，一方面我們可以「分離」人和人之間的意見（如此才能將其意見互相參照）；另一方面又可把人「聯結」起來（使得他們集體負責並且鼓勵他們相互揭發）。（《韓非子》、第四十八章，〈八經〉，第四及第六節）同時，也要運用一個微妙的祕密警察技術，進行平行調查及陷阱式的資訊操控（「術」的意念）。透過以上的方法，君王將自己提升爲洞察的機器：透過強行擷取一切的資訊，並對於訊息精密地梳理，他即使處於深宮之中，也能使得「天下弗能蔽」、「天下弗能欺」（因爲這時天下「皆爲其視聽」）。（《韓非子》，第十四章）如此一來，稍有一點叛亂也立刻受到揭發，因此也不必利用武力來鎮壓它們。統治的藝術，其根柢乃在於使他們奔向我們的位置；不是自己瞎忙，而是要使得他人

比邊沁的「全景敞視主義」（傅柯）良好許多

使他人奔向其位置

被引領爲自己作事。而且，不離開宮殿、不過度堅守其位置，照樣能夠勤於政事。就像我們可以退隱海濱，仍然能將政事的設置完美地抓在手上，指揮一切。這就是要認識到，位置不是要以個人的投注來占據，而是要著重其技術；這技術不是個人物理的在場所決定的，因爲那很局部又受限；它其實是一種命令的處理。這樣的方式也可以使權力徹底施行，卻不費力。

完美的暴君不再需要在場

由於勢位有絕對充足的功效，君王在治理上唯一的工作便是尊重此一自動機制並且將其維持在整全狀態。因爲君權的存在靠的全都是勢位，不能依賴人民任何的感情，比如敬愛或感謝（這和儒家想望的父權狀態相當不同），君王的地位必須防範任何對它的侵害，因爲其他地位如受到肯定總會使其受害。在這樣的一個地位的觀點中，君王和臣民間的關係是嚴格相對立的；權力也是一個明顯持續處於爭端之中的對象，即使這紛爭通常只是潛在的。它將獨裁者和所有他人對立起來：首先是貴族、大臣和顧問；但也包括妻、母、妾、非婚生子及當然地，王位的繼承王

不可讓他人涉入其地位

子，因爲這些人如果不是要使他「失」位，至少也想讓它「分化」。（《韓非子》，第四十八章，第三及第八節）這個地位的理論因此也附錄了一個精微的捕捉心理學，而這心理學和我們所知的朝臣外交藝術走完全相反的路線：君王必須懷疑那些完全迎合其慾求並如此作爲的人，因爲他們會因此形成了一個信賴的資本，而使得他們可以難察覺的方式使他滑移出權威的位子。這不是爲了推翻王位——在中國從未發生過這樣的想法——而是把它架空，直接了當地接收其原主人的地位（這個取代還因爲會使權力個人化的個人投注並不重要而更易進行）。

另一個給予君王如何運用其地位的忠告是要使它能完全發揮，不要以善意或美德來干涉其配置的作用。這是因爲，只要地位的機具發揮作用，他人的臣服是會自動產生的。如果在這其中導入了偶然和不穩定的因素，因爲它憑藉的只是良好的善意，並且會產生（相對於規律嚴格法條的）例外，那麼君王任何寬大及慷慨的措施都不可避免是運作不良的源頭。這樣的人性震動卻使得原先可以自行運作的機具產生問題……普遍地說，當中國的獨裁政權護衛者們將權力化約爲此一純粹工具性的載體（即地位）時，他們的目標是將它盡可能地去個人化（而且我相信在所有的文化中，他們是在此一方向中走得最遠的）。儒家的君王的影響力是以其智慧和所發散於身旁四周的良好影響，相對地，法家君王的影響力則完全依存於地位上最大程度的不平等，以及由此可以引發的潛在效能。實際上存在著兩套標準：或者是個人的**價值**，或者是所占的**位置**，而在他們眼中這兩者是相互排除的（《韓非子》，第四十章，〈難勢〉）：一個選項是依賴個人能力，可能我們會精力耗盡而結果難以持久（《韓非子》，第四十九章，〈五蠹〉）；另一選項則是只利用權威的地位，受其「承載」，如同龍之乘雲（參照愼到的注解），如此一來，所發出的命令便會受到不止息的執行（《韓非子》，第二十八章）：這就好像載重因爲船的負載，可以無盡期的漂浮……

功績／位置

由戰略兵法上的構想方式——它在中國由傳統一直流傳至

今——到這種特定的思考政治的方式，兩者之間可以明白看出一種連續性：戰士的勇氣或怯懦受情境的潛勢所決定，就好像臣民的服從或不服從一樣（同一個「勢」的意念）；在這兩個案例中都是一樣，情勢的客觀制約比個人的自有品質或努力更爲重要。然而，在思考戰爭的時候，這個潛勢的想法受互動和兩極性支持，而且情境也是在動態的演變中受到考慮（功效便是來自其演變發展本身），在思考權力（並將其作最大的增長）時，獨裁政權的護衛者們所尋找的是獨占所有的潛能，將其匯流於王位，直到使得情境靜止不動（於一種排除性且永久持續的服從關係中）。系統被堵塞住了，也變得錯亂荒謬。但它的效能卻一點也沒喪失。中國的帝政是細密地依循法家思想建立起來的（時爲西元前二二一年）。就像我們知道的，那是世界上第一個官僚化的帝國。

第三章

目標或結果

1

我們可以超越手段—目的的關係嗎？

在我們所簡略描繪出的兩個選項中，第一條道路是歐洲式的，屬於模型的運用，它透過了手段—目的的關係。先理想地構想一目的，我們之後才尋找執行手段，接著使得它進入眞實界（包含這「進入」可能預設的所有闖入成分——同時是相對地武斷和強迫）。或者，我們可以將步驟以相反的次序呈現，這是我們**計畫**，即行動的規劃，亦即任何包括一連串操作的精密計畫，而這一連串操作，作爲手段，乃是用來達成預定目標。

手段—目的：在一邊是一整群開放的資源，多少可以爲人所用，並且同時是工具和里程碑；另一邊則是在地平線上，同時是終點和目標（*telos*），我們不斷地朝向它前進，並且將目光集中於它：同時是傾向，使人花費力氣，也是承諾。這兩個層面之間的對看關係此後便被良好建立起來，程度如此之好，也如此地方便，使它逃脫了思考（我們由它展開思考，但不對它進行思考）。因爲它是一個最普遍的思考框架；我們透過它來認識行動，經由它我們期待效率（以最普遍的方式來說，行動即是注視著一個特定目標並施行某些手段來達成它，而效率存在於手段和目的之間的適切性）。我的意思甚至及於今日處理「企管」的人，即使他們尋求新的模型，也不知如何擺脫它。最多就是將這一對思考元素的其中一個項目重新處理，或者是將它推到極端（比如極端的位置：當我們認爲給定的目標可能是虛構的——但有足夠的緻密度可以含帶有用的手段）。我們可以重新調整這個框架，重新定義其中一個側邊——不過要溢出它很困難。

這框架於是停留——而且精確來講就是作爲思想的框架。然而，就在中國，我們遭遇了一種有關功效的思想，它並不在事物的發展過程之上投射任何計畫，也不會以這個手段—目的的角度來思考行爲：行爲比較不是**應用**的後果（首先設想一個理論來涵蓋眞實，接著設法使眞實模仿理論），而是**開發**的結果（利用特定情境中所含帶的潛勢）。另外也有其他不同的立場選擇，或至少因爲它的另類性使我們感到興趣，也因爲它們使我們的思想失去原有的穩固支持，使我們看到其他的可能性：預先構想的系統性操作連結所形成的組裝過程，在此並不受特別重視；而以給定的目標爲出發點，將實施計畫在時間中一步步地完成，也是如此。簡言之，並沒有一個自身是完美且事先被看到的終點，以它來結構化步驟秩序並引領我們如何前進；然而，中國傳統所謂的「道」，其意義和我們的「方法」相距非常遙遠（*méthodos*意爲我們在其中進行「追尋」的「道路」，它**導向**某處）。

透過這個角度，我們又再一次上溯我們理論上的立場選擇：亞里斯多德所提，作爲理論和實踐中介的「有明辨力者」（prudent），就是知道如何「深究」（délibérer）達到特定目標的手段。然而，現在讓我們來看看這個深究過程是如何被思考的。亞里斯多德的模範是數學上的幾何圖形：我們是由一個假定爲建構的圖形出發，透過逆推的分析，上溯到一連串必要的操作（分析終點所發現的項，由生成觀點來看，乃是第一項），同

在手段—目的關係的源頭：「明辨力」即是知道如何深究適當的手段

樣地，我們由假定已獲得的目標出發，接著逆推一連串必須的達成手段（而由此，最後觀察到的手段乃是必須由此開端著手的手段）。就在同時，亞里斯多德也明白這個由數學借用來的模型，應用在人的行動上時，卻不是完全適切的（請參照皮耶．歐本克在研究明辨力時所給予的詮釋）：1. 數學的可逆性使得我們可以在系列的兩個方向隨意地推展，不論是向前或向後，但人的行動卻是在一個不可逆的時間中開展，因而，只要還未經過檢驗，手段在工具性上的因果關係就仍只是假設性的；2. 在手段和設定的目標間，總有風險，即出現一些無法預見的事件，對手段被預設的效能產生障礙，並使目標無法達成；3. 相反地，考慮到手段相較於目標具有相對的自主性，手段在發展其效能時，也有溢出設定的目標的風險（對於這種附帶的或寄生的因果關係，亞里斯多德的例子是原本目的是用來治病的藥物卻因意外而殺死了病患）。

由目標回溯一連串手段（扮演幾何學家的亞里斯多德）

在歐洲，我們因此一直回到這個典型的手勢：由一個理想模型出發（而且它最好是由數學提供），接下來再思考實踐和它之間的差距。如果說數學的模型實際上並不能應用到行爲上來，比如說「在醫藥或和金錢有關的問題上」，如同亞里斯多德所說的（《尼各馬科倫理學》，III, 1112 b），那是因爲我們眼前出現了多種可能的手段，而且也就是因爲這個原因，仍屬於推測的狀態；而且我們只能透過比較這些推測才能在目前所構想的手段之中，找出「哪一個最好及最迅速」。然而，對於數學家而言，要實現他的圖形，只有一個解決方案，而對他來說，就和對文法家一樣，他之所以深究其實是因爲他的無知。反觀在和人相關的事務上，我們面對互相競爭的可能性，卻不能確定其結果。（有關於手段的）探究不能援以科學，亦不能乞靈於另一極端，即占卜——既不能立基於必然，亦不能信賴偶然：它必須自限於不太精確的「意見」性知識，比較各種可能手段各自的效能，而且不能去除失敗的風險。

而且因爲目的和手段涉及到兩種不同的心智能力，其間距還更加擴大。一方面是意志，它被理解爲指定善的能力（*boulesis*），設定了所意願的目的（但這也可能只是一個虔誠的願望）；另一方面，則是我們作選擇的能力（*proairesis*），這能力使我們在深究探討之後，可以選擇最適切的手段（這個能力只作用於實際上可能的選項，並將環境情況及障礙納入考量）。這兩個問題因此必須分開考慮：一方面是目的之品質，它最終和道德有關，另一方面則是手段之效能，它在道德上是中立的，屬於技術性質，例證比如醫學、戰爭或甚至體操的技藝。如此一來，探究是否適宜作戰和了解構想中的戰事是否合於正義，兩者互不相干（《歐代米亞倫理學》，1227 a）。因此，亞里斯多德的結論是，「和良好行爲相關的，不是一個，而是兩個領域」：一個存在於正確地建立目標（*telos*），它被當作是一個被瞄準的對象（*skopos*），另一個則存在於「發現導致目標的手段」（*ta pros to telos*）。然而，也有可能發生「目標和手段之間不和諧，就像它們也可能是和諧的」（亞里斯多德用了「交

手段不從屬於其目的

響」〔symphonie, *symphonein*〕這個字眼）。「這是因爲，有可能目標是良善的，但在行動中，我們卻沒有可以達致它的手段；某些時候，我們有適當的手段，但設定的目的卻是壞的。」柏拉圖主義只著重目的的良好與否（最後集結於至高目的，即善的理念），因此它在思考手段的治理時，乃是立即臣屬於目的之科學。相對於此，亞里斯多德不再相信手段可以如此容易地由理念導出，並將它們的選取當作是問題。因爲行動有良善的意圖是不足夠的，眞要建立功績，還是必須要能使行動成功；然而，面對事物的不可決定性，這個**實現的過程**無法去除所有的危險和冒險。

2

克勞塞維茨在思考戰爭時，也離不開這個框架。期望那是最具一般性的說法，他如此說：「理論必須注意考慮手段和目的的

手段—目的也是戰略思考的框架

之性質」（《戰爭論》，II, 2）。在戰術層面，手段即戰鬥中使用的軍事力量而目的即戰鬥的勝利。然而我們知道，由戰略的角度，戰術層次上的勝利本身只是手段，而戰略的目標乃在於能夠使敵方聽令於我方的和平條件。終究而言，戰爭本身乃是手段，政治才是目的。透過這樣一層層的連結，這兩端被連結了起來；而直到我們達到最終的目標前，所有的特定目標，都因爲臣屬於一個更普遍的目標（參照德文*Ziel*和*Zweck*間的差別），其自身相對於它只是一個手段。至於「作戰計畫」本身，其構想則依相反方向，一步步下降而導出。即使他的分析是如此微妙和仔細，甚至他是如此有意識於思考戰爭時可能遭遇的困難，克勞塞維茨的思考仍圍繞著他認爲那似乎是自明的事物打轉：即使在戰爭這領域中也是和它處一樣，效率只能是「以精準符合其手段和目標的方式來組織戰爭，無過與不及」。其中最好的例子便是菲德列二世，他令人讚賞，因爲「**準確地**作出達到其目標**所必須的**」。將他和查理十二世甚至拿破崙相比，他顯得是一個更好的戰略家，並最終是更加成功，而其原因便是此一手段上的經濟性。克勞塞維茨在年輕時便由此設立了一個箴言，而且是康德式的箴言。這是實踐上的箴言，它所著眼的只是效率，並且和所有道德考量切割：「你瞄準最重要、最具決定性，而且也是你覺得自己有力量達致的目標；爲了這個目標，你選擇你覺得有力量行走的最短的路程。」

戰略的無上命令以手段－目的來進行表達（克氏說法）

以效率忠告的方式給出的建議，乃是爲了未來之事作準備，它也可以相反的方向來驗證，即使用回顧過去的方式，這時要作的不是進行戰事，而是由過去的戰爭中得出教訓。在軍事的領域中，「批判」實際上也就是對「所使用的手段」「進行考驗」以進行評價。如希望達到理論上的普遍性，克勞塞維茨和我們說，那只需要知道「所使用的手段的效果」以及「這效果是否進入行動者的意圖之中」。然而一旦我們開始進行此一批判性的檢驗，一切就變得模糊起來。這個手段－目的的關係，我們以爲已經如此善於駕馭，並且又像是自明之物一樣地呈現在我們眼前，卻會再一度地考驗理論（在此要重讀第二部第五章有關「批判」這一個特別被繞過的章節）。首先可以明白的是，一個手段從來就不能完全由它服務的全體中被完全地分離開來，因此也就從來不能被分析所完全掌握，因此也就從來也不可完全辨識：再怎麼小的原因，「也會將它的效果擴展到戰爭行動的終端」，「並會以某種程度改變最後的結果，即使這程度再怎麼輕微」，同樣的，「每一個手段發揮的效果將會延展到最後的目標」。在它的影響範圍逐漸擴散並且混入現象的複雜性之中的同時，它便消散及轉變，不再能夠測量。更近一步，這個批判的檢視不只在於分析眞實使用的手段，也是以比較的方式分析「所有可能的手段」。雖然這些手段首先要確定，但其實那是要將它們「發明」。克勞塞維茨大膽地使用了這個字眼：對於眞實產生的事物的分析並不足夠，要評量可能的事物，便會要求批評家（即便是軍事批評家！），一種巨大的「主動提議」和「創造」的能力……但這時若要準確地以身處於行爲者的角度來讚賞或責備他的

然而，「手段」融入事物進展過程，它能被完全辨識嗎？

行為乃是困難的。

當我們仔細加以考慮，手段—目的的關係所產生的困難和與它平行相當的因果關係乃是同樣地多；一個「批判性的」、回溯的及「理論性的」分析開始讓我們看到的，也擴及到在實際的情境中深究各種手段以達到給定目標的人。我們該會自問，就像我們陷入複雜的，總是在演變的情境之中，我們是否還能「選擇」種種手段，而它們會像理念一樣清楚且分明，而且我們也可預見其效果，使得它們真能成為比較的對象，並因而得以對其「深究」。和亞里斯多德一起承認為了行動所構想的手段多少總是推測性的，這一點已不足夠，而是「深究」本身，也就是可以明鑑「選擇」的「明辨力」所從屬的，也變得有點虛幻起來。換句話說，這問題已不能再被隱藏，也就是說，對於各種可能的手段的嘗試，而且當它們是遠距的，投射到未來，預期著目的，不也總是有點「魔術性的？」——在此我們必須大膽採用這個字眼，也許以後還要再加以重拾。

「手段」的深究不也是虛幻的？

這就使得以下的了解顯得更加適切：即使處於行動的狀態，中國有關功效的思想乃是考量如何能夠在這些困難之旁通過（當然它可能會遭遇到其他的困難；我並不期待它可爲西方理論所遭遇的複雜化提出解答，但正因它有此間距，能使我們看到其中的理由）。與其構思計畫，將它投射於未來並將其引領至一個固定的目標，然後再決定一連串最適切於實現目標的手段，我們反而看到中國的戰略家先由力量關係的細密檢視開始，並且利用情境中所含帶的有利因素，持續地在各種其所遭遇的環境條件中開發它們。我們知道環境條件常是未能預期的、不可預測的，甚至是完全未曾出現過的，而這也是爲何人們並不能事先擬定好計畫；但在環境條件之中包含著某些潛能，如果我們有足夠的彈性和開放性，就有可能利用它們。這是爲何中國的戰略家既不計畫也不建構。他也不「深究」，更沒有（在同樣可能的手段間）「選擇」的問題。這就預設著，對他而言，根本就沒有一個位在遠方並以理想的模式所設立的「目標」，他僅是在情境的發展過

中國戰略家並不深究手段

程中不斷地將環境加以利用和開發（而引領他的只是由其中可以得到的利益）。更精確地說，他整個策略便在於使情境發展到會使得效果自行逐漸產生並且具有限定性。無論如何，我們開始看到，敵人被逐漸耗盡且癱瘓，以至於當眞正進行戰鬥時，他已經放棄作戰；不然就是相反，將自己的軍隊帶至一個沒有出路的情境，即所謂「死地」，使得他們必須拼死作戰，因爲再也不能後退（《孫子》，卷十一，〈九地篇〉）。「使他們深陷危險之中，軍隊便不再有畏懼」（兵士甚陷則不懼）；「不知道向那裡去，便會抵抗」（無所往則固）、「不能有別的作爲時便會戰鬥」（不得已則鬥）。情境被引領的狀態中**包含著效果**：「不必使命令受遵照，他們已加以注重」（不修而戒）；「不必將其連結，他們已團結」（不約而親）且「不必指揮，他們已聽命」（不令而信）。

但他充分利用情境的發展

我們這方是如此強調組裝起來的手段具有意志及可能性的性格，這個朝向目標的組裝（*pros to telos*中的「朝向」），到最終都有崩潰的危險；相對地，中國的思想家則強調所期待結果的合法性。手段總是相對地人工的，它是一個組裝的對象，而且它必須對事物施壓以使得它們演變成可被慾求的目標；相對的，只要情境許可，效果會自行發展出來，並且是自然而然的。因爲（情境中的）潛能一旦發展，我們就會處於**優勢的情境**（就好像我們前面所說的有力的地位）。不同說法都指陳此一道理：「勢不得已」、「不求而得」。當惡風怒號時，若將死敵置於同一船上，您會看到他們雖然面對風暴，也能如同雙手般一起親密合作：軍隊中的合作關係也是如此，必須將其置入危險境地，才會產生融合（《孫子》，同上）。兵法中詳說道，要強迫軍隊抵抗或阻止他們逃走，戰略家「不依賴」物質的手段（比如「拒馬」或「陷輪」，有點像我們過去的馬奇諾防線），他只要讓他將軍隊帶入的情境發揮作用就好了。這是因爲，情境既已陷入一定狀況，它便不會留下其他的出口，（軍隊）「一定必須」由此通過。當策略是引導情境的發展，並且使自己爲它所承載，經由潛

這時是情境自身會引領至結果

勢的聚積自然產生結果，那就不再有（在手段中）選擇或努力辛苦以達到目標的問題。

條件—結果：改變觀視方式

結果就產生了涉及不同邏輯的兩種效能：一方面是我們比較熟悉的手段—目的關係，另一方面則是中國人所著重的條件—結果。離開模型化的邏輯（其基礎是形式—目的的建構），我們由此進入一個過程的邏輯（參照「則」一字在論述中的重要性）：存於一方的因果系統是開放的，接受無限的排列組合；存於另一方的過程則是封閉的，其結果含帶於其發展之中。

3

這兩者之間的間距可由成功被設想的方式測量出來——一方面是假設性的，另一方面則是不可避免的。這是因爲，在希臘這邊，思想由史詩中誕生並受悲劇所模塑，它對於壓迫人之行動的威脅相當敏感。投入戰鬥中的戰略家和在外海中的航行者處於類

航行者或戰略家：（在希臘這邊）事業總受偶然宰制

似情境，他們都在持續變動的場域中操作，總是會遭遇許多不可預見之事，直到終局，還不能確定是否能戰勝敵手或返回港口：雙方情況逆轉總是可能的，就像風向可能會朝反方向逆轉，而敘事也喜歡保留懸疑及產生戲劇效果的曲折情節。而且，經常出現的是，主角如要成功，總是要受到協助。雅典人即使在狡詐手段（*mechanai*）這部門有豐饒的生產，如果沒有諸神的協助，他們仍無法獲勝；另外，飄泊於「無法馴服的波浪」之上，受到暴風雨的擺弄，遭逢終究要沉船的命運威脅，如果沒有雅典娜的親密合作，尤里斯西終將沉淪於詭譎風雲之中。即使是在古典時期，希臘的戰略論著仍建議以乞靈於諸神作爲最後的手段：「要想到所有的人，在他們的行動選擇中，只是以臆測來作指引，對於將對他們轉變爲有利的事物一無所知」，這是老國王對其兒子的忠告（《塞魯佩底斯傳》I, 6）；這是爲何，不論是以武力或狡智戰勝敵人，「我建議都只能在諸神的協助下運用」（《西巴克集》V）。在希臘人對人類行動理性化的終端，亞里斯多德仍將戰略的藝術放置於航海術之旁，並使偶然和技藝一起作用（《歐代米亞倫理學》，VIII, 2, 1247 a）；技藝（techné）可以補償偶然（tuché），但不能將它排除。

克勞塞維茨曾說明爲何不能將偶然由戰爭中排除。這是因爲眞實的戰爭從來就不是絕對的戰爭（也就是說依概念符合其模型），「數學的嚴謹度因此必須由此排除」，而我們也無法達到「邏輯上必須」的結果。戰爭所交織關係的多樣性，它們的邊界的不確定性，使得大量因素必須納入考量，而我們也無法將其全部進行精準的評估；尤其是，如我們所知的，因爲戰爭的技藝是應用在「活生生且具道德性的力量上」，所以它不能爲可量化的物理效力所決定。同時，組成戰爭的「每條粗細不一的線上」，都有複雜的可能性遊戲在進行，「這使得戰爭的活動很類似於紙牌遊戲」：這是爲何它會誘惑我們，使我們熱愛它，即使我們在其中感到恐怖，即使有許多計算，它根本的不可預見性，仍不停地使我們著迷。客觀地說，我們不能去除其中的偶然，而主觀地

戰爭的開展過程無法納入模式性思考，但它就因此是無邏輯的嗎？

說，處於戰爭中進行作爲的人不斷地「發現自己身處於與其期待不同的現實之中」，他因而不能避免「懷疑」，就事先準備的作戰計畫而言，如要堅持它則要援引意志。戰略家最好的狀況是以或然率作爲工作項目；而「在缺乏確定性的部分，只有依賴宿命或機遇，而其命名在此也不太重要。」

面對這個西方理論中留下的開放缺口，並且其依據論點是不能決定性和偶然，中國古老的兵書所持的堅決立場令我們驚訝。對於能利用情勢者，他「在戰爭中的勝利不會有意外」（戰勝不忒）（《孫子》，卷四，〈形篇〉），「不忒」的意思是它將「不可避免地導致成功」。根據注解，不會有「間」（張預），也不會有「兩個」發展可能（李筌：參照《老子》二十八章，「常德」不忒）。就力量關係的發展演變而言，戰鬥的結果在進行之前，早已被決定了。實際上，就像一位注解者所說的：「以力求之」，也就是說，只依賴體力的投注，「不論我們再怎麼行」，總是有「我們可能被打敗的時刻」。然而好的戰略家是在

在戰爭中就像在它處，已發動的開展不會偏移

過程的上游即加以干涉：他會辨別出那些對他有利的因素，「即使它們尚未實現」，並且，他可以使得情境往適合於他的方向發展；當聚積的潛勢已完全對他有利，那時他才堅決地進行戰鬥，而成功是必然的。

成功已受情境所先決

其原因是簡單的，就在這一段話之後，這本古老的兵書說，他所征服的是一個「已敗」的敵人。勝利是事先決定的而且不能偏移，因爲它是含帶在既有的力量關係中，即使戰鬥這時尚未開始。接下來的說法是用一個巧妙的翻轉來掌握這個道理：「如此，勝利的軍隊由戰勝開始，然後尋求戰鬥，戰敗的軍隊由戰鬥開始，然後尋求勝利」〔是故勝兵先勝而後求戰，敗兵先戰而後求勝〕這個箴言看來是弔詭的，但它實際上不是，它是在相對立的行爲上投射了分離的時刻，而這一個時刻是在對立關係中必然會產生的，這就是勝利的由來。只在戰鬥的時刻中尋找勝利的軍隊會被事先打敗。我們已了解，這是因爲戰鬥只是一個後果。它只是使得戰鬥甚至在尚未開始前，即已含帶在情境中的傾向，透過被切割解決的方式，以一種明朗的狀態呈現出來；勝者是因爲運用了勢態，所以在進行戰鬥前，就已經決定了勝負。

下面的理念因爲落於意義之下，因而顯得很平凡，不像一個眞正的理念：「如我認識他人，並且我也認識我自己，在一百個戰鬥中，我都不必懼怕」〔知己知彼，百戰百勝〕（《孫子》，卷三，〈謀攻篇〉）。但中國的戰略思想把它的嚴謹度發揮到最大的地步，跟隨它的後果到了最終，並且把它的自明性開展以見到其深度。就像所有其他的過程，戰爭的進展只受相關的因素影響：如果我足夠清楚我和敵手間的力量關係，我可以只在當我確定潛勢是最能完全對我有利時，才進行戰鬥。所有的策略都要建立在一個系統性的訊息操作上（這是爲何間諜和其各種範疇會如此重要，並被仔細地區別——「鄉間」、「內間」、「反間」等；參照《孫子》，卷十三，「用間篇」）。接著要進行的是估量：要進行「度」、「量」、「數」、「稱」，直到由於雙方的實力差距得太遠而使得天秤突然傾向了某一方（《孫子》，卷

中國思想的原創性是在平凡的眞理中見到其深度——它是自明性的挖掘者

四）。以格言的方式來說，勝軍就像是一噸重的力量面對羽毛。因爲聚積著潛勢，戰略家加重了不平衡，而當他展開戰鬥，其實只讓情勢自行推展即可。

這麼一來，戰爭就沒有什麼奇特或不確定的面目了。它屬於一種過程的邏輯，是在兩個端點間的互動中演變（是既對立又互補的：如同兩個敵手），而且完美地邏輯一致。因此，它並沒有因爲替不定性或偶然留下位置，而受外部的因素決定——比如諸神或宿命。中國兵書中的諸神只是天象或氣候中的天，其構想方式完全是自然主義式的，通常是在評估相關因素時才涉入（參照：《孫子》，卷一，〈計篇〉）。而且，如果戰敗，並不能怪罪於「天災」，因爲那永遠是將軍的過錯（參照：《孫子》，卷十，〈地形篇〉）。至於在進行戰鬥前所需要的「預感」，戰略家並不是想像要如何向鬼神乞靈，而是要由情報部門提供……著作也來回重複地說——說法相當簡明：「禁止乞靈祥瑞，去除疑慮」〔禁祥去疑〕（《孫子》，卷十一，〈九地篇〉）。不只他

「禁止乞靈祥瑞」，「去除疑慮」

拒絕戰前的祥瑞觀察（*omina*），雖然這是我們西方整個上古作戰都進行的事務，甚至也不允許有任何疑慮，而那是克勞塞維茨和我們確認過，連將軍在構想好作戰計畫並進入行動時，自己也總會遭遇到的。這整個思考之中，只受一個行動模態所組構：「總是」會發生、（只要條件充足）「不得不」來到的，簡言之，就是「必」這個字。

可以在中國思想的整體中發現，「必」是在行動的過程中無可避免會產生的理念，而成功者即是知道如何利用它的人。即使是像孟子這樣的思想家，其立場和戰略家正好相反——因爲他認爲王權是以道德爲基礎，而不是以力量關係爲基礎（因而有兵法的必要）——但他仍然不會脫離這個步步連鎖的邏輯。或者更進一步地說，道德本身也是一種力量，而且它更具影響力，因爲它深入人心且是以擴散彌漫和祕密暗行的兩種方式來發揮。孟子對君王說，若能時時想到其臣民，和他們分享快樂，您會不得不逐漸地凌駕其他諸王：因爲其他臣民都會奔赴向您，爲您開門，不

勢在道德和在戰略上一樣地具決定性

會對您抗拒。如果使用暴力，我們最終只會失敗，因爲我們所能使用的權力是有限的，並且會引發敵對，因此必須利用既有的影響力，並受到他人的擁戴以便致勝（《孟子》，〈梁惠王上〉，七）。這結論和兵家一致，即使其出發點是相反的（道德上的善相對於個人的利益）：根本不需要去「尋求」此一後果，只要調整好有利的條件，結果就會自然地產生，並且會是「不可抗拒的」。整個中國有關功效的思想，不論其意識型態的選項爲何，都同樣分享此一手勢：回到根本（「反」其「本」）、基本，也就是過程發展的出發點，但這將只是原始條件，而之後受到事物發展過程的承載，逐漸地使自己占據上風而成爲現實。後果因而不只是較可能的，像是在手段－目的間被**建構**出來的關係，而是**自然而然**（*sponte sua*）發展而成，並且會不可避免地產生。

我們開始看到這些效力模式之間的間距是如此之深，致使它不得不銘記於一個更普遍的差異之中。在西方，深究以手段－目的的關係爲開端來探討，首先是希臘世界推動的一個社會和政治

差異的背景：希臘的「深究」銘刻於一政治傳統中

程序，而且它甚至成爲其中的主要機制（由荷馬所寫下的長老會議（la boulé）到議會中的民主議論）；平行進行的是，這深究議論也被內化，而個人是在「和自己深究議論」後，建立起「未來的原則」（*arche tôn esomenôn*），並精粹其行動。但中國就沒有在政治運作中著重深究議論的機制，而它的世界觀的基礎是調節；如此，它並沒有把行動當作可孤立單元，並由此出發來思考效力，而是以轉化的模式來思考它。

第四章 行動或轉化

1

以何種立場來思考「行動」？

我們能否宣稱行爲有足夠的統一性和距離——它和之前及之後的整體脈絡相比，有足夠的自我緻密度和足夠的獨立——足以使我們將它由我們存在的編織裡切割出來？有沒有一個現實足夠使我們將它推定及辨識爲「行動」（action）？中國的思想家對這一點可以進行懷疑，因爲在他們眼中，人的行爲就和其他發展一樣，都是要以過程的角度來進行考量，而且是有規律和持續的過程。不論是自然的發展或是人的行爲的發展（天行—人行），對他們來說，其編織是不中斷的。思考行動含帶在眼前設立雙重的立場選擇：一是將人的行爲當作是一個特定的作爲（*ergon, praxis*；又再一次，製作過程的技術模型成爲參考），另一則是將行動當作是一個特定的、可以孤立的項目，並且能作作行爲的基本單位。

戰爭的思考也是如此。克勞塞維茨將戰爭思考爲一個動作：他所謂的「戰爭動作」。我們先前已見到，策略被界定爲一個「計畫」，隨「目標」而轉移，但作爲基礎的卻是提供「手段」的行動。這個和計畫有關並達致目標的行動，在戰爭現實上和**交戰**（engagement）相符，而戰爭的分析必須要由這個「單位」開始才變得可能：「戰術」被構想爲和交戰中軍事力量的運用有關的理論，而「戰略」則被思考爲使用交戰爲戰爭服務的理論；或者，戰術談的是交戰的「形式」，而戰略談的是它的「意義」。因此，只有「一種單一且獨特的方式來思考事物」，克勞塞維茨結論道，那就是去知曉「在戰爭的每一個時刻，作戰雙方所有大小交戰的最可能後果。」克氏的思想在此變得最爲微妙——但也許這就脫離了它原有的框架，並使它遭致危害：一旦這可能性被考慮進來，一次交戰的考量會只被當作對後續一整串行動產生決定的因子。最後，交戰沒有發生，但其後果卻是眞實的——因爲我們這時只考慮後果。

戰爭「動作」

行動的單位：交戰

只有這個由交戰構成的行動才能取得「眞正的有效性」，

因那是「直接的有效性」，並得到預設的效果。克勞塞維茨對此效果的性質並未留下疑慮：在戰爭中，交戰的目標是摧毀敵對勢力。克氏的傳統仍來自陣列對戰，而這是在我們上古時期即已構成的（參照重裝步兵團列隊緊密連結前進的戰法），但在他的時代是由拿破崙將之帶至其絕對形式（參考奧斯特里茲戰役）。克氏爲了這樣的戰爭作出理論，他的唯一目標便是毀滅敵人（參考《戰爭論》，第一卷，第二章：「毀滅敵方力量顯然永遠是最高明、最有效的手段，其他手段在它面前都應退位」）。然而，中國古代兵書所建議的正好相反。其中有一部卷首即以此原則開場：「一般而言，戰爭中最好的作法，乃是保全〔敵〕國的完整，摧毀它乃是不得已時才作的。」（凡用兵之法，全國爲上，破國次之。）（《孫子》，卷三，〈謀攻篇〉）而這一點不論是在哪一個規模層次都是有效的：「全軍爲上，破軍次之。」而且，爲了能更加清晰，重複地在每一個戰鬥的層次和最輕微的衝突都如此申說。這就使得對比變得特別明顯：「因此，善於作戰

摧毀敵人（克勞塞維茨）

或者偏愛將其「保全」（中國這邊）

者，能使敵人屈服而不需要交戰；他們不用攻城即可將之取得，毀滅一個國家卻不必長久的操作。要取得天下就必須保持完整；如此，武器並沒有受損而獲利卻是整全的。」（「故善用兵者，屈人之兵，而非戰也。拔人之城，而非攻也。毀人之國，而非久也。必以全爭於天下。故兵不頓，而利可全。」）一位注釋者（李筌）總結說道：殺人是沒有「價值」的（不貴殺也）；與其摧毀敵對力量，不如使它轉而投靠我方（敵國來服爲上）。深入敵人領地，將其基地互相分離，將其關係割裂，則可逼迫他屈服，他會自己投降（深入長驅，距其城郭，絕其內外，敵舉國來服）；全得其國，「我國亦全」：這是最經濟的方式。

因此，這裡沒有任何弔詭。必須要沒有任何曖昧地理解：如果我們避免屠殺敵人，那並不是因爲善良，而是因爲考慮到功效。當戰爭是以行動爲角度來考量時，其目標是敵人的摧毀（déstruction），但當它是以轉化（transformation）來考量時，則其目標便成爲敵人的**結構崩潰**（déstructuration）。由此開始出現了一個我們會一直回返的對立：行動的效力是直接的（由手段到目的），但它代價高且有風險；轉化的功效是間接的（由條件到後果），但它使敵人逐漸變得無法抵抗。中國這本戰略經典詳說，戰爭的理想是「攻擊敵人的策略」（上兵伐謀）、「其次是攻擊其聯盟」（其次伐交）、「再其次是攻擊其軍隊」（其次伐兵）、「最後才是攻擊其城寨」（下政攻城）。（直接）進行圍城之戰是最糟的，一方面是因爲由此會產生軍力的沉陷，另外也是因爲我們在此時暴露於險境最多；這樣的對峙代表策略的零程度狀態。策略如同古代的注解所說，乃是攻打敵人的「計謀」，而不是其體力；因爲當敵人逐漸地失去士氣以後，便會自己投降，因此是未戰而敵人自行屈服。這只是因爲他的抵抗已被癱瘓——一點都不是因爲「交戰」的關係。

交戰的意念給予克勞塞維茨另一個方便性：它使他可以將嚴格意義下的戰爭本身當作對象來分析，使他可以將之和周邊或混入的其他元素分開——這些元素有相關性，但並非戰爭本身；

這就是，依據他自己的話語，將被視爲「武裝力量的運用」的戰爭本身和「武力的保持」分開，後者因爲是「戰爭的準備」，因而也就必須被排除在策略之外。這是因爲，即使我們不能否認這些「預備動作」所發生的影響，但克氏卻必須進行此一分離的操作，因爲唯有如此，他才能「依其概念」來思考戰爭，也就是把它當作純粹的動作，並且因而是可以孤立出來的。這「預備動作」至少是應該被如此思考的，因爲他承認「這準備非常接近行動，以至於它之後導致戰爭行動，但在實踐上，兩者是交替進行」。然而，我們會看到，中國古老的兵書不僅將組織和補給的問題整合於其策略思維之中，也包括了戰爭的經濟代價及國家的士氣和政治狀況（參照《孫子》卷二〈作戰篇〉的重要性）。在戰爭的發展過程中有許多因素相互交涉，並影響其進程；我們因此不能以「相關環境因素」的名義將其排除，因爲這些條件都是情境潛勢的一部分，而且對在場的力量狀態演進而言，具有決定性的作用。這麼一來，連交戰本質都隨之改變：對於克氏而言，

我們可以分離戰爭的「動作」嗎？

只有是在行動的火光中的交戰，才是具有決定性的，這使得所有一切都有待分出勝負，並因而構成他眼中戰爭的「本質」；相對地，我們這時開始看到，對中國的戰略家而言，交戰只是結果，是一個在上游進行的轉化的後果。

由「動作」出發在理解時延時產生失敗

克勞塞維茨以交戰爲思考戰爭的出發點，把它想成一個可以孤立的動作，對於時延他就只能將它想作「數個連續的動作」，或者更好一點，能更緊密其連結，當作它是「數個交戰的捲進」。這也就是說，不論是一個單純的戰役或是整場戰爭，他只能將戰爭特有的時間理解爲**各行動時間的相加**。所有其他的時間開展只能將戰爭帶離其正途或使它遠離其本質。因爲所有不是行動的，就只能以作爲「行動的懸置」的方式存在——換句話說，就是「非行動」：戰爭中不屬於行動的，就是戰爭「在時間因素中的稀釋」。然而，即使中國的戰略家對於在極短時間內以結論的角色產生作用的操作非常敏感，他們相對地還是著重了轉化的逐漸演變時間，而潛勢就是在其中被聚積起來。這個存在於

交戰間的時刻並不是死的時間

交戰之間的時刻並不是無生產性的時間，或如人們所說，死的時間，即使它表面上看來是不活躍的，但因爲此一發展允許一個演變，而在此演變中，力量關係才可以在最後傾向於正確的一方。因此，沒有所謂時間中的「稀釋」，存有的是透過時間而得的**成熟**，成效不是在其中溺斃，而是在其中展布。這是因爲，間接的功效要求一個長程的時間——**緩慢**的時間——才能在其中產生作用。中國人不以動作爲範疇而是以過程的角度來思考戰爭，他們也教導我們有關時延的良好使用。

2

西方的行動神話

因此我們有必要回來審視行動這個西方的神話。而且，這正是因爲行動即是神話敘事（*muthos*）特屬的事物，後者被當作行動敘事來構想，而歐洲文明也由此開端。這裡我們可以回顧一下這些形象，它們是我們理性的歷史中首先出現的。不論是猶太—基督教的傳統或柏拉圖的《蒂邁歐篇》中，上帝是以一個創造的手勢使得世界存在；而英雄特有的作爲便是和世界抗衡，並將其行動印記於其上：文學由史詩開端，那是可以歌頌記述的事跡，並以事功的名義受到放大，接著悲劇又將其置入場面演出（雖然他那時還沒有人物這個名詞可以用來說它，亞里斯多德已提出戲劇的特點便是再現「行動中的人」〔*pratontes*〕）。這樣的觀察實在很平凡，但在中國，這樣的看法就比較少。因爲中國並沒有建立一個偉大的世界誕生敘事，也沒有在意於將世界的來臨以造物者的手勢來加以解釋（將手插入泥中的女媧的故事並沒有爲思想服務）；在中國上古也看不到史詩的痕跡，因而也沒有隨之而來的戲劇：審視這些缺席可以協助我們回頭好好想想我們的再現是由哪裡來的。因爲我們可以發現中國不但沒有投入行動的崇拜中——不論那是英雄式的或悲劇式的，而且，更基進的是，它也沒有選擇以行動來詮釋眞實。相對地，它最古老的典籍，即《易經》，是以兩種相對立的線條，即飽滿的陽和有開口的陰來代表所有過程中的兩個端點，並以持續的變化作爲理解現實的角度：卦象中各種形象之間交互變化乃是透過陰陽爻的轉換，而聖賢學習諮詢卦象以便評估現有的力量場域，它們也構成了情境中的潛勢。這不是使它成爲一個觀想對象（在希臘，動作的思維和存有的抽象化是攜手並進的），而是要使得行爲舉止持續地**相合於**事物發展的進程。中國的功效，我們不斷地可以驗證，乃是一種透過適應而產生的功效。

我們知道，亞里斯多德在思考悲劇之後，持續地以兩個對立的模式來思考行動，即它是「合於心意」（*hekôn*）或「反於心意」地完成，它的原則是在我們之內或是我們是「受迫」或「出於無知」才行動。他因此著重了主體的選擇及計算，並且開出一個使他可以「選擇」其行動的深究探討空間（由此我們之後可以發展出一個有關意志的思想，將之當作爲自由的自主作用元和條件）。然而，我們觀察到，中國語言並不將主動和被動對立起來（其語言並不區分主動語態或被動語態），它經常是留下一

既非選擇亦非承受的

既非主動亦非被動的

個使其間差異無法決定的狀態，並且不以作用者爲角度，而是以「作用過程」本身爲角度來描述操作（**體**與**用**的區別）。舉例而言，現在讓我們考慮由影響而來的效力，它是一個環境條件影響所造成的結果（比如環境的潛勢使得我們變得有勇氣）：它是如何在我們身上作用的呢？我們並沒有「選擇」它，而它也沒有以一種「暴力」的方式作用在我們身上（它反而是有利於我們發揮能量），它在發揮影響作用時同時也整合進來。我們文法中所建立的主動／被動分別，對於理解它是過度偏狹的。這是因爲，那「承載」我的，既不是來自於我，也不是由我被動地承受，它既不是我，也不是非我，而是透過「我」。相對於行動是個人的，也指涉到一個主體，轉化卻是**超**個人的（*trans*-individuelle）：它的間接效力解消主體。當然，這些都有利於過程這個範疇。

非我亦非非我

主體範疇的解消突顯了過程

　　我們也要回應一些情況，即結果是成功的，但我們卻不能認爲「這」是因爲我們個人的功勞。我們傳統的解決方式如下，但我們也理解中國的思想家並不需要它：我們是受到「靈感啟發」

才作到「這」；這個不是來自我的成功乃是來自一個外於我的行動——但無論那是諸神或鬼怪，總是行動。要接受這樣的解決方式，理性要對自己施行一些暴力，雖然它知道那是非理性的，它卻加以容忍，因爲那是方便的：因爲它補償了爲了建立一個行動主體所需進行的理性化，卻不須要求我們脫離這個行動者的意念（只是將它後撤）。在柏拉圖之後，亞里斯多德也使用了這個解法（但我們什麼時候結束使用它了？）：「那些不論由何方出發，不經思考地向前衝，皆會成功的，乃是被諸神附身的人」。（《歐代米亞倫理學》，VIII, 1247 a）幸運（*eutuchia*）也是一種上天所給予的稟賦——就好像良好的出身。但由亞里斯多德開始，西方思想發展出另一種有關偶然的思考方式（參照《尼各馬科倫理學》，VI）：那不再是天意的效果，而是純粹的偶然（contingence）；不再是因爲神的啟發，而是因爲物質的未決狀態。由此之後，偶然就不再代表由我們的無知出發，命名那難以認識的，但指揮一切的隱晦力量，並存在於一切我們可以辨

在行動神話背後是「靈感」的神話

歐洲對偶然的判定產生突變

識的原因之底下；它反而是存在於神聖行動的空隙之中，使人的主動作爲可以滲入作用的部分。由於不能受神意指引，我們可以——我們應該——進行深究探討。如果人的行動可以有其參與世界秩序的空間，那是因爲它是未完成的。接承一個有缺失的神意而來，「明辨力」（參照西塞羅的說法，prudentia乃是providentia的縮寫法）乃是我們唯一所餘留可將行動帶至成功的資源。

歐洲思想不斷地擴大這個開向事物未決境地的缺口。在把人間事務和目的性脫勾之後，尤其是由文藝復興以來（偶然在此不止是像亞里斯多德所想的那樣是殘餘性的），這思想把行動和效力更緊密地連接起來。實際上，當人的世界被思考爲一個不穩定世界，陷入不連續性、稍縱即逝及變動性，缺乏任何內在或超越的秩序，這時它只能以一種冒險行動的方式來思考效力，也就是以膽量來回應事物的不可預知——也由它獲利。我們知道，對於馬基維利而言，政治本質上就是行動，並因此可以和戰爭相提並論，而他整本的《君王論》都是在稱頌主動行動的能力。這是因爲，在政治上來說，偶然亦意謂可以操作，因而是技術上可以改變的事務，而人可以把握它，即使有其危險，他還是可以期待以其設計給予它一個形式。政治上的混亂便意指向所有的行動提案開放，而人面對危險便是要以其行動的精妙能力及創新來回應。而且，在古老創造理念的世俗化終點，乃是此一政治性的立基動作成爲英雄的仿效對象，而這完全是存在於純人性的世界中（這裡的英雄比如塞魯斯、提修斯、羅姆魯斯——甚至是摩西）。人透過他的行動，可以成爲一個「新秩序」的創造者。

只有冒險的行動才能面對事物的不可預期

行動的精妙（馬基維利）

3

然而，我們可以很清楚地看到中國的傳統對於行動的效力感到懷疑。而且是所有的學派都如此，不論它們堅持的程度如何，彷彿在此有一共同的直覺，成爲思想的底蘊（也就是因此，思想不停地開發它），而我們也無法拒絕其自明性。這自明性從沒有被完全地證明，因此，我在之下作一個有點冒險的發展。就因為動作介入了事物的發展，行動和事物的進展間總是一種外力干涉的關係，它的主動作為本身就使得它成為闖入者；因為它來自它處（帶入了進程－計畫－理想），它無法脫離總是屬於和世界對立的外部性，因而總是有和世界相抗衡的姿態——它仍舊是隨意且無內在之理的。不但是隨意且無內在之理，也顯得不合時宜。這是因為，當它滲入了事物的發展進程，它總是會打斷其組織，並且擾亂其邏輯一致；甚至，因為是由外強加的，它不可避免地會引發抗拒，或至少是不樂意，這些是行動所不能明白掌控的，但它們又阻礙它且暗地裡聯合起來默默地破壞它。直到它產生的震撼逐漸消弭下來，震盪平緩了，而效果也逐漸消失。

另一方面，它在這一個時刻進行干預而不在另一個時刻，它作用在此而不在彼，它總是局部和暫時的（即使它持續十年，像是特洛依戰爭），它的作用是點散的。而且因為它干涉的方式是隨意而無內在之理的，並且又是孤立的，這個行動便會和其他事物產生分離，並在事物的發展過程中顯得突出，因而會別被明顯地觀察到：它既強迫了事物的發展進程往某一方向而去，它也強迫了我們目光〔朝它而去〕。更進一步，因爲它是屬於個人，並且直接指涉了某一個主體（即使那是集體的），它可以很容易地被辨視出來。它如此也造成了事件、打開了一個方向，而將之組合即可成爲故事。它聚焦了注意力，凝聚了興趣：它以其組構使之顯現的事物發展之過程成爲述敘的肌理，而它所面對的困難則創造了一個使人屏息以對的懸疑；簡言之，它的「粗糙表面」，使敘事得以懸掛其上。但這個奇觀面向的背面乃是它對現實其實少有掌握的事實——它同時是**人工的**（artificielle），也是**浮面的**（superficielle）：總之，是一個單純的周邊現象，好像在事物寂靜的底蘊之上，暫時地分離出來的一道浪花——但旋即又遭吞沒。經由它所帶來的緊張，它能滿足我們對戲劇性發展的需求（希臘文中「戲劇性發展」〔drame〕即是行動），然而它卻不

行動可以被看到—適合作敘事（史詩）材料

但並沒有效力

是有效能的。或者，我們的語言中也包含了一些隱微之意，因爲看到了它的背面，即所有的作用者（行動者），因爲闖入了事物的秩序之中，其行爲像是「狂熱之徒」（énergumène）（參照希臘文energein意爲採取行動）——而不是他自以爲的造物者；而且，所有採取行動的作爲都是**天眞的**。

同樣地，爲了確定他對世界的掌握，在那裡施展影響，聖人無爲——戰略家也沒有更多（就這一點而言，這兩個端點是攜手並進的）——他進行的是「化」。這是因爲，轉化和行動有所不同，行動必然是暫時的，即使它延長了時間，轉化則在時延中延伸，而它的效力來自於此連續性。中國思想不斷地帶領我們來到此一觀察：不論開端是如何地微弱，透過逐漸地增強，我們便能達到最具決定性的結果；事實上，它特別敏銳於那些不會中斷的事物，而且就因爲這個原因，它會「開展」、變「厚」且「增加強度」，而且因爲規律地聚積而越來越緻密（不息則久，久則徵。徵則悠遠。悠遠則博厚）（《中庸》，第二十六章）到了後

效力來自於轉化的連續性

來，它的結果是以己身加諸於我們的「自明性」之上，但仍維持是自然而然的狀態。或者，就像這裡的說法巧妙地說出的，「不見而章」：結果越來越可明顯感受，甚至變得彰顯，但只是作爲結果，而過程中，它並沒有吸引我們的注意力或是要使得我們將之標舉出來。

最微妙但最具決定性的範疇：在展布的過程中變得明顯，但卻不須有意地展現自己的事物

論影響力

證據是我們可以理解「影響力」的方式——尤其是聖賢的影響力，在中國這個現象受到的分析比在我們這邊多很多。或者，也許是我們在分析它時感到不安，除非是以一種經典的「不知其然的事物」的模式來看待它，比如葛拉祥（Gracián）所作的（「……他們攫奪了他人的舌頭和心思，透過一種不知其然的事物使人尊敬他們」）。（《朝臣》，XLII）自我的轉化和他人的轉化都一樣是漸進的，而且其中之一爲另一者之後果：這是因爲「內在的本眞」不會欺騙，它便能爲整個行爲「塑形」；接著，它在外顯得「透明」，接著因爲這個客觀化變得如此「顯著」，它在增強的同時，也必然影響到周邊，而聖賢不必有意去

由內而外：展布—轉化

作爲，即能「啟動」及「變化」〔誠則形。形則著。著則明。明則動。動則變。變則化〕（《中庸》，第二十三章）由內在原則到外部效果，傳導變化是規律的，層層演變也是持續的。而且，就是因爲它不出賣背叛，他人對他的信賴就變得越來越堅定，而誠意本身就更加堅牢；就因爲它從未中斷，它便展開，持續地而不是一次性地融入現實之中，並自然而然地發展。到了後來，聖賢（君子）是不必動作便能得到尊敬，不必說話便能被相信，不必行賞便能鼓勵、不必發怒便能被害怕〔不動而敬、不言而信、不賞而民勸、不怒而民威於鈇鉞〕。（《中庸》，第三十三章）簡而言之，他不必「動」（不論是朝向什麼方向，這總是多少有隨意性），便能「變動」現實；換句話說，而此處的說法最令人信服，他不必「作爲」即能使事物「完成」〔無爲而成〕。（《中庸》，第二十六章）

變化因此自然流出，像是一個結果，這只是過程的簡單延伸，我們也不必向自然施壓或花費心力。現實受到改變，但不是被強迫的，因此它也不會引發抵抗。而現在如果我們離開道德關懷的場域，而以更具功利心的方式來思考朝臣如何影響君主（透過逐步的親暱）；或者使得事物向對己有利的方向演變（透過持續的改變）。智慧古老的語句在策略上也有其價值，而下面這個簡短的，由數個字形成的句子本身即能總結中國的功效之道：「久而化成」。（《鬼谷子》，〈摩篇〉第八）使其到臨（faire advenir）（或者，讓（laisser）其到臨，因爲「使」在此仍過度屬於命令句），這並不是要尋求強加上的效果，如同在作爲的時候，而是要讓效果透過逐步的積澱自己來臨——成形，成體。結果這不是我一定要它來臨，而是由情境逐步地含帶它進來：那原來的命令句已巧妙地融入事物發展的進程，變得無法辨識了。

不要強加效果而是讓它自己降臨

另一方面，和永遠都是在特定點作用的行動不同的是，轉化是在相關全體的所有點上發揮作用。這甚至是中國人對現實最爲敏銳的一個層面，而上古的《易經》對它一再強調：變化並沒有「特定的地方」〔無方〕。它不只是像行動是在局部中進行，而

轉化是全面性的—因而無法被看到

且它是無法被侷限的，它的展布永遠都是全面性的。因此，它的效果也是發散的、屬於環境氛圍的，從來不會停駐於特定地點。

而且，因爲它是持續、漸進，同時在各處進行，轉化一般並不會被感知察覺。既不能被歸屬（於一個個人的意志），也不能定位於一局部（如一個地方或一個特定時刻），它因此不能被孤立出來，不能被和其他事物明顯分開，甚至它是看不見的。行動總像一場奇觀，甚至有戲劇性演出的成分，而和行動不同的是，轉化的效果溶解於情境之中。聖人這方面已被多次說明：「人民一日一日地向善演變，但不知是誰的作爲」〔民日遷善而不知爲之者〕。（《孟子》，〈盡心篇上〉，十三）但這對處理事務要使它對己有利的朝臣也是一樣有效：「主導事務使其一日一日地逐漸來臨，但其他人則無知於此」〔主事日成而人不知〕。（《鬼谷子》，〈摩篇〉第八）這些主導的作爲滲入事物的進程，隱身於其中，使它變得更有效力：因爲它脫離意識，它就不能被掌握到，而使得人們面對它是被動的。在談策略時，有一個平行的說法：「主導軍事是要一日一逐漸勝利，而其他人不會產生對我們的畏懼」（主兵日勝而人不畏）。其他人，即敵人，根本沒想到要畏懼我們，因爲他們看不到情境轉換，變得危險（當他們知道的時候，已經太遲了，他們已受我們宰割）。轉化是難以察覺的，是透過逐漸的累積（「善」或「德」），即使在自己的陣營，也是民安之而不知其所以利；民「道」之（自然地追隨道），卻「不知其所以然」。

越是**含蓄隱晦**（discrète），功效就越大。聖賢之道，只讓自己的人格發揮其影響力，一日一日，由近而遠，不必自我標榜也不必將自己設立爲範例。（《中庸》，第三十三章）同樣的，好的將軍沒有可以稱讚之處——無「智名」，無「勇功」。（《孫子》，卷四，〈形篇〉）這個肯定令我們驚訝，但它是嚴格的，最好的戰略家不會讓人想到要爲他塑立雕像。這是因爲他如此善於引導情境朝對他有利的方向演變，在上游干預並以漸進的方式進行，他使得勝利變得「容易」，人們便不會想到要讚頌他。像人們所說的，這是在未戰之先就勝了，交戰只是獲得結論，而這也就減少了他的功蹟。但這正是在此描繪出對他最大的讚頌，而且是在他所未察覺之時。因爲這正是因爲功蹟是如此完整，成功看來便是如此自然，它便未受察覺。在這裡也是一樣，在我們以爲是弔詭之處，不過是加深了另一個自明之理：「過去善於作戰者〔只〕勝容易獲得之勝。」〔所謂善者，勝易勝者也〕因爲他們只有在勝利變得容易時才進行戰鬥，而這時他們確定可以戰勝。這裡的成功並非是用盡力氣才獲得的，後者運用行動，並且展現了勇氣，這使得它變得明顯可見（而這也就是我們之後紀念的），這裡我們的成功是來自敵對關係的轉化，它是在更早期就展開，因而會將它和事物的演變相混淆。這裡既沒有懸疑也沒有事件，沒有任何事情立下了一個里程碑般的日期，也沒有戲劇化，因此也就沒有可以造就故事的材料——我們可以理解爲何中國沒有寫出史詩。

對於好的戰略家，我們看不到要稱讚他的地方

功蹟如此完整，以至於未受察覺

沒什麼好敘說的

為了思考功效，在行動和轉化之間，由希臘來到中國，由根

中國—希臘彼此反轉

柢而言，參考的座標是相反的。因爲希臘人是以人的行動來思考自然的轉化。即使亞里斯多德已經由柏拉圖的創世神話中脫出，但在他的生物學著作中，自然仍是人格化的：亞里斯多德的自然有如「工程師」、「造物者」、「製造者」、「管理者」——它也有一個計畫。即使它能和藝術作品相區別，因爲它有內在的原理，並以內在性模式進展，但它和所有的行動一樣，仍在一個手段和目的的關係裡操作；即使它沒有深究探討（但別忘了，藝術家是因爲無知才進行深究探討），但它也是針對著它所「望著」的那個目標，強烈地「意願」著它。由相反的方向，中國人以自然的轉化來思考人的功效。戰略家使得情境向其有利的方向變化，就好像自然使得植物生長，或河流不斷地挖空河床。就好像這些自然的變化，他所進行的轉化是消散且含蓄的，在發展過程中難以覺察，但到了成效出來時就很明朗。中國人比較相信轉化的內在性，而不是行動的超越性：我們看不出自己在變老，我們看不到河流挖空河床，但是因爲有這些不可察覺的發展，才會有

希臘的自然是「製造」者

中國的聖人是「轉化」者

風景和生命的現實。

有一個意象很成功地補捉了這個功效（efficience）消散的轉化（將來我們還要再好好探討**功效作用**（*efficience*）這個詞語）——那便是**風**。（參照《中庸》第三十三章，「知風之自」）風透入各處及時延之中，我們看不到風經過，但「草上之風，必偃」。（《論語》，〈顏淵〉第十二，十九）它並不是帶有靈感的氣息——神聖的*pneuma*〔希臘文空氣或元氣〕——後者是突然出現，像是一道由存有的呆滯中拉出來的波浪，以引發英雄般動作或詩意創作的偉大噴射；它反而是這持續的流體，在世界中流轉散布，如此推廣其影響，逐步地把它的傾向包覆滲透——從而把它的動態延伸到無限。希臘的文學由《依里亞德》開始，這是顯赫行動的受啟敘事，女神歌頌阿斯奇勒斯的憤怒及戲劇性的戰鬥。相對地，大約同一個時期，中國首部文學作品（《詩經》）的第一部分，其命名為「國風」，意思是在這些短形式的作品裡，提到由君主人格出發，其轉化的影響力如何散播

轉化就像不可見的風（但它的效果在各處是可以感受到的）

於其國土，並影響風俗：它在人民情感或行爲最微小的特徵中呈現，朝向它的方向彎曲，但卻從來不是可以被具體理解或在感知上孤立出來的——就像風一樣。

第五章 時機的結構

1

在技藝與偶然之間：時機

一方面是偶然，另一方面是技藝：在*tuché*〔偶然〕和*techné*〔技藝〕之間，還有第三個希臘詞語出現，並要求我們用它來思考行動，那便是*kairos*（時機）。不論是航海、醫學或戰略，就像柏拉圖之後把它們會合於同一線索思考（《律法篇》IV, 709 b），它們一方面和命運有關（或與「神意」有關），另一方面則和「我們的」（技術）世界有關，在它們兩者之間，時機進行了連結的工作，而效力便由此而來：時機是由偶然所提供的良好時刻，而技藝使人可以良好地加以運用；透過它，我們的行動便能融入事物的演變過程，不會在其中作闖入的動作，而是成功地把自己嫁接於其上，利用了其中的因果關係，並因而受到助益。因爲有它，協同運作的計畫才能實現，而這個適時而爲的狀態也給我們把握之處，確認了我們的掌控力。哲學家也承認，即使是在政事方面，「我總是等待行動的最佳時刻」。

圈環：目標—行動—時機

（《書簡》，VII）這是因爲，即使是像赴西西里從政這樣的冒險事業，時機也是必要的，有它才能將「理論」付諸實現。目標—行動—時機；從此之後圖示完整了，加上時機之後，其中一個被調整得準確，另一個則受到協助。因爲「行動的目的」本身即「相對於時機」，亞里斯多德提醒了這一點。（《尼各馬科倫理學》，III, 1110 a14）

因此，要思考有效的行動，最後一個要納入考量的參數便是時間。因爲時機便是行動和時間的遇合，它使得片刻突然變爲機會，時間也變得成熟起來，好像是它自己前來和我們遭逢（*occurit*），如此，它成爲一個發生的事件（occurence）。這是一個有利的時刻，安全入港（port），因而被稱爲「適當」（opportun）。然而，這也是稍縱即逝的時刻；它除了是最佳時刻之外，也是最短的時刻，在「尚未」與「已不再了」之間稍稍地存在了一下，而爲了成功，必須將它「捕抓住」。相對於科學探討的是永恆的事物（總是一致而且可被證明的：永遠是數學的理想），有用的事物是高度具變化性的。亞里斯多德也承認這一點：「因爲今天有用的事物，明天可能便無用了」（《大道德》，I, 1197 a 38）。更仔細地說，「受目的決定」，會有必要使用的方式及**必要的時刻**：當我們不再相信一個一般性的善的理念，善變成可用範疇來細分；如此時機便是時間這個範疇中的善；換句話說，它是「良好的時間」。而且，即使就在此一時間範疇內部，「乃是由不同的科學來研究不同的時機」，比如醫學和戰略中的時機就是用不同的方式構想的。把這一點推到極至，可說有多少處境便有多少特定時機。但這麼一來也會有個風險，也就是時機可能會變得無法掌握——這是對柏拉圖進行批評的反作用（也是其代價）。這是因爲，如果時機因其發生狀態是如此地散布零落，那它如何還能夠是「科學」或甚至「技術」的對象呢？——因爲即使是技術也是要求一般性的。

時間範疇中的善

但時機——*kairos*——的重要性，卻是在我們的上古時代由開始到結尾都被肯定的。「認識它是最好的」（品達語），它

存在一個時機的一般性質嗎？

是「所有人的事業中最好的指引」。（索福克里斯），它的「全能」受到肯定。自從最早的詩人開始，如荷馬與海西歐德，時機便顯得和有效的行動相聯，莫尼克·特瑞德和我們如此說，而且「看來這便是此字意念的核心」，而西元前第五世紀，技術發展的勁道，也使得它得到高度的發展：演說者在進行說服工作的時候，他不只利用論證來突出其符合擬眞（*eikos*），他也著力於利用臨場狀態，把握時機並適切地表達（由柯紀亞斯到依索克拉特皆如此）；同樣地，希波克拉學派的醫生自我克制減少使用一般性的藥方，並將其療法適應於所遭遇個案的特殊性和「斑駁特性」，因爲並沒有什麼元素是「穩定的」（*kathestekos*）：這不只是獲得適當的劑量——醫學上的*kairos*首先是個度量的問題——但也是在治療的過程中，如何回應「危機」，在應作爲時進行作爲。

雖然他們像是終於編織出了一個不證自明的底蘊，而使得我們有關時機的思想顯得是自然而然（然而，這不也就是我們的

「未—思」（im-pensée）？），在它之下，我們開始察覺到有關這個「適當時間」的一些理論先持立場——換句話說，什麼是時機〔意念〕的希臘組成元素。因爲，隱在它背後的，就是存有論，將存有（être）與流變（devenir）相對立、「穩定」與「變動」相對立：要將規則適應於事物的不穩定性，或毋寧說是要使規則最終獲得適應——這才是我們對時機所「期待」的；就像它的構想方式建立於影響哲學發展最重要的關係上，也就是特殊與一般，甚至使得這個對立顯得更加基進（而且它也就自閉於特殊性之中，脫離理論的掌握，就像在亞里斯德作品中的狀況）。在這個缺乏本質的固定性的世界裡，它於是成爲最終的資源，因爲這個世界處於時間之中，而在其中我們被迫要採取行動；但它是個資源因爲它仍在和諧之中：在過多和過少之間，時機是種 *summetros*〔相似的尺寸、平衡〕，它符合於希臘在數字和尺度上的理想。終究而言，時機在此是以各種技藝（*technai*）爲出發點來考量的，而它之所以如此也是和行動相關。那麼，就不能迴避以下的問題：這個適當的時間的問題不能被迴避（而且這裡涉及的眞的是「時間」嗎？），一旦我們把它由隱藏內含的選擇中脫離時：只要我們不再以行動的觀點來看待它，而是以另一個我們開始追蹤的邏輯——也就是轉化？如果「時機」不會因而消失，那麼，我們可以事先想到，它的結構是有待重新思考的。

2

時機被理解為潛勢的發動

然而，我們在中國也可以發現適當時機的意念，它是「適應的」、「不可錯過」（不然會冒著喪失策略上有效性的風險）。在這裡也是一樣，善是以多樣的面向來分布的：對於「精神」而言，善是「深度」〔心善淵〕，或者對於「事務」而言，善是「能力」〔事善能〕，「對於展開運動」而言，它是「時刻」〔動善時〕（《老子》，八章）；這個「發動」的時刻不應被「延遲」〔幾者不晚〕（《鬼谷子》，〈摩篇〉第八）。接著我們要看的是古代的戰略文獻是如何理解它的（參考《孫子》，卷五，〈勢篇〉）。在急流以其動能，得以使石頭移動來說明勢之後（激水之疾，至於漂石者，勢也），這個發動的時刻則以飛鳥突然下降攻擊其對象而得以使其骨折的意象來引動（鷙鳥之疾，至於毀折者，節也）。這是因爲牠能在兩者距離所要求的準確時機精準地攻擊（「節」的意念原先是指竹枝上的分節，接著衍生爲事情發生的時期或其狀態（conjoncture）和正確的尺度）；如果說發動的攻擊具有最大的強度，以至於一舉毀折攻擊對象的身體，這是因爲最大的潛能已被聚集。這是因爲，就像一位注釋者所說的（王晳）：「鷙鳥之所以有此雷霆般的攻擊動能，來自於情境的潛能」（鷙鳥之疾亦勢也），就像是激流能漂石，而「適當的攻擊時刻乃是來自於情境的潛能」（由勢然後有搏擊之節）。或者，根據經文本身，潛能產生令人暈眩的張力，而動能來自於此張力，而由此而來的適當時刻則很「短」（其勢險，其節短）。相對於事先逐步的累積升高，動作的時刻很短暫；但兩者的連結可以用同一個意象來說明：「情境的潛能便像是把弓弩張開，而適當的時刻便像是扣啟扳機」（勢如張弩，節如發機）。

於是這裡便初步描繪出另一個「時機」的構想方式：它不再像是一個過程中出現的機會，只是因爲事物發生的環境時期各元素協同作用而出現，刺激行動並有助於其成功；它在此相對地是介入一個已經進行的程序的最佳時刻（以至於，究極而言，這個介入也不算是介入，因爲我們是如此地被情境推向它），這個時刻便是把逐漸獲得的潛能聚集起來，使它可以散發出最大的功效。就像一位注釋者所詳解的（一直是王皙），即使攻擊的時刻如此短暫，這個潛能乃「來自遠處」。由轉化的角度來看，時機只是一個逐漸發展臻至完熟的過程，準備它的是時延；因此，它一點也不是即興式地突然出現，而是一段演變的結果，而這個演變必須在它開始時，在它一出現時便加以把握。

這時機是不同的，或者該說它是雙重的，因爲我們在時延

如其所是，它是個成熟的終點

的兩端遭遇它：在我們以爲是以即興方式地突然出現的時機之後方，還有另外一個時機的身影，位於前者上游，這便是進展中的程序的起點，而後面這個時機乃是在整體已發展完畢時才出現。實際上，我們要面對的不是一個，而是兩個關鍵時刻（也就是說，轉化的開端和終結）：其中一個位於終結處，此處我們終於用最強的力量攻擊敵人，以至於它快速告敗；另一個則處於開端處，由此展開分流而潛能會逐漸地傾向其中一方。就像在終結階段，時機變得如此明顯耀眼，那麼在開端階段，它仍舊是很難察覺；然而這第一個分別才是決定性的，因爲是由它才展開功效的能力，而終結的時機終究而言也只是它的後果。因此，合於邏輯地，中國的戰略思想便將注意力由發動的時刻轉移到開端的時刻，因爲導出後端時刻的發展傾向，乃是在開端時刻中形成的。根據這珍貴思想的提法之一（《鬼谷子》，〈揣篇〉第七），它著重的是在它仍在「孕育狀態」、「初生狀態」便能察覺「情境的潛能」〔幾之勢〕。這是因爲，我們前面已經見到了，戰

不是一個而是兩個關鍵的時刻

略家之後可以憑藉它的發展，由它承載自己；他越早能觀察到這個潛能的開端，他就越能由它獲利。影響全局的是在最幽微處發生的事，一旦展開最微小的程序，比如「昆蟲飛起」或「蚯蚓爬行」，就好像蝴蝶的翅膀拍打一次，由羅亨茲到普里格琴，也會有它的效應。

幽微的階段是具決定性

在這裡，智慧和戰略完全重疊。因爲不論是要符合道德，或是要在世界上施展功效，聖賢和戰略家都得仔細考察發展傾向的開端，而甚至這便是他們的首要關切。實際上，不論這傾向是多微小，一旦它確立了，必然會變動情境：前者會體察自己內心再怎麼微小的出軌，因爲如果不立刻改正，它便會引領它越來越遠離道（參照《中庸》，第一章）；後者則觀察在世上發展出的最微小的有利趨向，因爲一旦他將其標定了，就可以利用它承載自己直到完成。在開端的時刻裡，實際上還看不到什麼，但一個導向就已經進行了。或者，如同一位注釋者（朱熹，《中庸章句集注》）在談道德時說明，在尚未有任可感覺的痕跡形成前，動態

仔細考察發展傾向的開端

已經發生（跡雖未形而幾則已動），而我們如不注意，將會有無窮偏離的結果（不使其滋長於隱微之中，以至離道之遠也）。這是因爲，只要一開始出現，它就開始改變事物發展的進程，且可能使它的效力越傳越遠——長期下來，在時延之中進行。由這個珍貴的**開端**意念，教訓是很容易取得的：情境的潛能一有時機出現便要加以辨察；因爲這個時機不但不是短暫即逝的，我們還可以一步一步地跟隨它，因而能——且準備好——在適當的時刻展開打擊。

開端的意念

所有的戰略注意力因而要著重此一開始的時刻，在「時機」的上游，雖然未能明白形成卻已經具有區別的力量，並在幽微處使情境往某一方偏移，而成功便逐漸地由此發展而出。這便是第一道發動，它祕密地對另一道發動具有指揮性，而「決判」在此以最微妙的方式作出，而整體便往一邊倒去（幾危之決）（《鬼谷子》，〈本經〉，另參照在文本與注釋間，有關幾與機，危與微之間有意義的混淆）。如同時機雙重化了，「危機」

在可見的時機上游，一個決判的時刻

（*krisis*意為「決定」）本身也要重新思考。因為關鍵的時刻不再和外顯的時刻相合（在希波克拉派醫學中，危機即疾病作「決判」的時刻），而是位移到上游，一直到最幽微的階段去——開端的階段——在此分離展開，而且是具「決定性的」。它不再和奇觀相連，如同在劇場中（這又是希臘的），而是更加微妙含蓄。但只要我們可以覺察它，便可預測發展並加以經營；這時「危機」也就在上游解除了。

「危機」的解除

3

預測「時機」，在西方和中國都一樣，乃是戰略最共同的要求：馬基維利由羅馬的例子得到教訓，他承認「如果能遠遠地便看到疾病來臨」，就能輕易地找到解藥（《君王論》，3）；相對地，一旦疾病已變得很明顯，「已沒有時間」，那麼「病症就變得沒救了」。然而這裡便出現第一個間距：馬基維利構想的

預測時機

先見之明只能用來抵擋負面事物（而不是加以利用，使它成爲**承載者**）：當在表面的利益下，「隱藏一份祕密的毒藥」時，必須要能事先加以分辨，不然就可能會中毒（同上，13）。另一方面，這個先見之明的必要性有兩種可能的構想方式：或者是建構一個論證（當我們把時機和行動關聯在一起思考）；或者是我們依憑一種進展的邏輯（當我們把它和轉化關聯在一起思考）。在第一種狀況，像突西底德這樣的歷史學家是個例子，在古希臘是他把時機的理性化推得最遠。他的英雄，如弗密翁或布拉希達斯，是用計算的方式（*logismos*）來推衍時機，他們運算時期環境的種種元素，並進行推測。另一方面，他們聯結最大可能的給定；另一方面（接著），他們精研一些假設，以便停留在最有可能者。這個邏輯是建立在擬眞（*eikos*）上頭，使他們可以重構敵人的精神狀況，預測其意圖，進而衡量成功的機會。這裡組合了各種原則的知識——心理的、戰略的、政治的——以及相關情境最精確的認識，而這操作整個的功績，但也是它的風險，存在

以推理或以進展過程來預測時機

於兩個層面的契合：在希臘又一次地，心智的工作變成了把特殊和一般結合；經由這種理性預測的藝術，希臘的戰略家得以超越表象達到「最眞實的一面」，而我們知道那也是「最不可見的」（*alethestaton/aphanestaton*；又再一次，西方所追尋的是隱藏在布幕背後的眞理，被遮蔽的存有）。

然而，中國的戰略家不猜測、不論證，不建構。他不堆疊假設，不進入任何擬眞的計算。他所有技藝就在於儘早可能地覺察最細微的發展傾向：在事物不間斷的發展進程中，開始有了祕密的方向之前就把它們覺察出來，在它們有時間浮現並顯現其效力之前，他便能預見事物會導向何方；他和它們的開端相合，他便超前於它們的實現成形。我們這部外交論著的注釋者的確如此詳說（《鬼谷子》，〈本經〉）：「動態的開端是幽微的」，但如此已具有「關鍵性」，它由「幽微向顯著發展」（幾危之動自微至著）；眼光清楚的戰略家是能在開始階段就能理解它（知于未兆，察于未形）。在這個階段，風暴仍處於地下，而「危機」的

不奠基於（建構的）擬眞，而是奠基於剛開始出現的傾向

「發動」仍是「祕密的」。但我們知道，這就像是「一堆土」的「累積」，不可避免地會有一個效力由其中產生。

說明這個想法的意象是裂縫（參照《鬼谷子》，〈抵戲〉第四，這整章的主旨便在此）。首先，一點點裂縫代表事先的預兆，而它一方面是指標也是前兆，如果足夠注意的目光是可以加以覺察；另一方面，如果我們不將其立刻塞住，再怎麼小的裂縫也會開始發展；它同時打開也深化──變成「開口」、「破綻」、「大洞」。由裂縫到洞開，這個演變是可以預測的，因爲它已含帶在內，變化早已宣布，只要讓時間發揮它的作用。因此，裂縫的「危險」是在起始的階段就已開始的。我們知道世界是由分與合構成的（事有合離）（天與地之間便是如此，同時是分開又連結的）（自天地之合離終始，必有罅隙，不可不察也）：裂縫因此是銘刻在現實的大邏輯之中，它不停地在下方作用於事物的組織上，即使這組織總是受到破裂的威脅，因而呼喚持續的堵塞（可以想像不同的堵塞方式：用塞子「塞住」、把水

開口、破綻、大洞（參照布陀著作《變動》）

「切斷」、「停止」、「擋住」）〔可抵而塞，可抵而莬，可抵而息，可抵而匿〕。這是爲何戰略家總是把眼光放在裂縫的「偵察」上——而這當然首先是對手那方的裂縫。面對敵人的整個策略可以總結爲一套雙重的運作（《鬼谷子》，〈本經〉）：不可提供敵人任何最小的裂隙，這樣他便不能把握我方，他只能滑移，不能穿透我們；同時仔細觀察敵方是否有任何微乎其微的裂隙，以使得這裂隙可以逐步變成大洞，而可以讓我方沒有危險地攻擊他們。因此，這本外交論著說，只有「循著對方的缺口」，自己才能「開始動作」〔必循間而動〕。不然，這就會成一種隨意進行的介入，因爲強行爲之而有危險。然而，只要把眼前的裂縫「推開」〔推間〕，對方就一定會敗戰。

仔細觀察任何微乎其微的裂隙

無可避免地可以在這個策略的背面讀到一個問題：如果對方不呈現任何破綻，那我們能作什麼呢？但是，這問題並不會推翻這道理，反而得以讓我們以基進化的方式來檢驗其邏輯：那時便沒有什麼好作的——不作什麼，就是「等待」。書中強調，「要

懂得等待

等對方的破綻出現才開始動作」〔待間而動〕（《鬼谷子》，〈本經〉），而不是想像要在他的地位尚未動搖前，正面地和他交鋒，這不但成本高而且風險大。**等待**是預見的關聯項。我們知道，實際上，裂隙是銘刻在事物的邏輯之中，因此，我們可以確定，對方遲早要受到威脅。當世界是光滑的、沒有可以掌握的握把、或是可以穿入的裂隙時，戰略家「保持後撤並等待時機」（《鬼谷子》，〈抵戲〉第四）〔世無可抵，則深隱而待時〕：這第一個裂隙稍後會打開變大，終究可以在適當時機使我們可以突然深入敵人陣營之中。又再一次，戰爭的技藝只會支持外交的技藝：一開始的時候，要像處女一樣含蓄而保留，直到對方「打開門戶」，而一旦對方打開了門，就要有兔子的敏捷，這時「敵人已無法抵抗」〔始如處女，敵人開戶，後如脫兔，敵不及拒。〕（《孫子》，卷十一，〈九地篇〉）。

因此，如果沒有任何元素是有承載性的時候，那一般來說便是如此：如果情境對他完全不利、不能看到任何對他有利的潛能，聖賢會**等待**。他會停留在休息區，對他來說，重要的是自我保存（在今天的中國，他會退隱鄉間、宣稱生病等）。對此以下說法值得仔細閱讀：「聖人——以（在）無爲（中）——等待他具有能力」〔聖人以無爲待有德〕（《鬼谷子》，〈本經〉）。也就是說他等待他所處的情境再度變成正面。因爲他知道更新正在進行，而之後才會出現另一種融貫之理，而且正因爲這程序只依賴其自身，只有以輪替的方式進行；因此，新的元素將會出現，而且不會像現在的那麼負面，因爲它們並不是前來補償它們的。要渡過這個逆境；新的給定已在暗暗生成，而他就安寧等待它們可以重新來承載他。

4

中國和歐洲之間，有各自的時機結構，其差異首先要在對「時間」的構想方式中尋求。在希臘這邊，構想時間的方式立刻便是受到主要的概念對立組所籠罩，這便是理論—實踐，而人們只能將其分身重疊：由此產生了兩個相互敵對者，克羅諾斯及凱羅斯，彼此之間毫不寬容，但都是永恆時間艾翁之子。其中一位是爲知識所建構的，規律的時間，可以分割、分析，因而可以加以主宰；另一個則是向行動開放的時間，這是由時機構成的，偶然、混沌的時間，它因而是「不可馴服」的時間。在亞里斯多德那裡，這個時機性時間已經是相對於另一者，由它沒有足夠的方向、猶疑、踉蹌的個性而無法決定其定義；而我們知道現代思想則更加強調其偶發，或者說是把它變得更加基進：馬基維利告訴我們，羅馬在它的「完美演變」中，其力量之所以可能，「是因爲意外事件的出現」。然而中國所構想的過程性時間，基本上來說，既不是知識的對象，也不是行動的目標（相對地亞里斯多德認爲，行動的目標（*telos*）和時機（*kairos*）是相關的）：這不是一個我們以無利害關係態度關照其度量的時間，也不是一個我們在其中要用外力干擾的時間，也就是透過意志的迸發並期待能

一個既不是克羅諾斯屬性，也不是凱羅斯屬性的時間

在其混亂中獲利；這是一個開展的時間，而人們希望能和它持續地相合，能夠和諧地適應其各個階段：比如透過仔細的觀察，能和其過程的開端吻合，或是在自己的行爲上，也能符合其演變邏輯；這不是像科學那樣規則穩定的時間——柔和溫馴的時間，也不是意外的時間，如那向行動開放的時間——反叛的時間，這是個受**規律調節的**時間（temps *régulé*），它透過轉化來保持平衡，雖然不斷更新，但又保持內在的一致。這個時間不知理論和實踐的分野，因此既不是「時序性的」（chronique）也不是「時機性的」（kaïrique）（既不是分期性的也不是冒險的），這個時間不會自我重複但可以依賴，我相信它最準確的稱呼是：戰略時間（*temps stratégique*）。

既不是規則穩定的也不是渾沌混亂的——而是受規律調節的

實際上，因爲它的發展有規律可循的，所以戰略家知道如何預測而且能夠等待（預見將來的時間並等待其改善）。聖賢和戰略家是一體的，而這是中國思想的一個老生常談，但它會一直談論此點，而且不斷地加以解說（參照《中庸》，第二十四章；

《鬼谷子》，多處；以及，當然，《周易大傳》）。我們可以將它的邏輯重新把握如下：因爲他能讓自己的意識進入完全的虛待狀態（disponibilité），因爲他在這狀態中把固置點消解了，而這是理念和計畫不可避免一定會導致的，並且也把意識和特定的固置化作用相脫離，而這是因爲僵化，它便會讓自己墮入其中；因此就使其意識可以由所有的偏狹和僵硬的封閉中解脫出來，因爲任何單一的觀點都會變得具有排除性（最後如以正面的方式來說，這也就是說，他使得他的意識能和過程的全整性有共同的寬廣度，並使它保持動態及流轉——完全進入演變中——就像眞實的衍生變化），聖賢／戰略家便能符合流變的整體融貫，因而並能以確定的方式預測未來的變化——於是就此說法，彷彿他也在自身之中，感受到客觀的空缺；因爲他知道，由此全整的觀點來看，眞實所要經歷的不斷更新永遠不是脫離正軌的，他等待各敵對力量必要的重新平衡，而且甚至就在此平衡開始之前。「審」這個字也許是最適當的；對於現時作最精確的「審視」，他能在

意識的虛待狀態使人可以領會過程的全整性並能有預感的能力

其中察覺到它所孕育事物的存在，雖然它尚未出現。

我們的外交著作由這些文字開始：因爲他「觀察」現實兩端間的往復「開啟」和「關閉」（這兩端是作爲相對和互補的元素，陰和陽），他「計算」了同時是「開始」的「終結」，他身處「眾生」之間，並向「意識的內在邏輯」開放，聖賢／戰略家「觀察到變化的前兆」，能夠守住「生與死」，成與敗的「門戶」。（聖人之在天地間也，爲眾生之先，觀陰陽之開闔以命物；知存亡之門戶，籌策萬類之終始，達人心之理，見變化之朕焉，而守司其門戶。）實際上，一方面，變化是沒有終結的（變化無窮），但另一方面，每一個存在的現象「都有其合法的歸宿」（各有所歸）；因此，根據使它具規律的往復變化（陰和陽、剛—柔、開—閉、張—弛），眞實是非常能受控制的（éminemment contrôlable）。這裡所談的「預測」並不是來自一種由假設構成的推論，也不是一個魔術性的手勢，它只是由「剛發生」的事來照明「將要來」的事，後者不停地含帶前者。

因為和進行中的開展邏輯相吻合，便能預期

重拾中國慣用的說法，「終結」同時也就是「開始」，現在是持續的過渡（而世界是在持續的變化中）；如果我由正在進行的發展上溯，我就能事先「感受」由此產生的將來發展，並因而能加以主宰（參照《鬼谷子》，〈抵戲〉第四，篇首）〔反往以驗來也〕。

如此，在時機的構想方式上，一個間距出現了，它值得深入挖掘，目的並不是要僵化差異（因爲相反地我希望加以超越），而是嘗試更好地掌握，而且先暫時運用對比，能說出中國思想不斷要傳遞的，即使是透過它所採取的不同立場，也像是自然而然（因爲這也許是在面對中國思想時更難掌握的：它不斷要**使其可以流傳的**（laisser passer），它是到處提到它們，卻從不加以孤立說明）；某種功效的邏輯，根柢上並不陌生（甚至它有許多面向對們來說是熟悉的），但中國思想從不覺得有必要將其明白說出，卻把它當作是不證自明的事物一般傳遞；而我們，即使以某種方式覺得它是我們經驗的一部分，甚至把它當作一種智慧的形式，我們也從未花心思形成它的理論——或者這也許是因爲我們做不到，原因來自我們的立場選擇。爲了由這簡單描繪的平行中獲得好處，要將此面對面拉得更緊些：既然對於馬基維利而言，時間是意外性的，是不穩定的且不連續的，他並不等待由其中獲得任何好處（除了在事後利用傳統給予合法性的角色而能使政治體穩定下來以外）。他質疑我們能否「享受時間的紅利」，即使他承認「這是今天智者不斷和我們說的」（《君王論》，3）。「因爲時間平等驅趕它前面的事物，它把好的和壞的，壞的和好的，一樣帶在身後」：而且，在這個革新的擾動時刻、充滿偶然及危險的時間裡，唯一的資源只在於採取行動及即興演出的能力。對於時機的偶然，只能以冒險的行動來回應，即時地進行介入（像是波奇亞在辛尼加里亞所作的，或是朱耳斯二世對抗巴格里翁），所有的延遲都是自殺。相反的，如果我們期待的不是行動的效力，而是轉化的功效，而且時機已融化於規律變化之中，我們能依憑時延。但拒絕奔赴冒險、當場行動，並不表示我們

分歧的繼續

馬基維利：對於時機的偶然以冒險行動回應

或者我們可以憑藉規律變化來獲得成功？

「緩和從事」（推遲行動的時間：這並不是延遲）：我們等待的只是過程的發展將我們帶到最接近所期待的結果（這要和設訂目標區分開來），以至於，作出最少的介入，只是受事物發展輔助，我們就被推向成功。

葛拉祥

的確歐洲君主的文法，也留下一個空間讓其在長時段中成熟。它教導向時間「讓步」、「陪伴」時間——我們知道這是個一步一步前進（*gradatim*）的時間。葛拉祥筆下的政治家意識到「時間的拐杖所完成的工作比赫克利斯的巨棒還多」，他知道必須「穿越時間廣闊的採石場，才能來到時機的中心」（《普世人》，3）。他也知道如何「等待」。然而它和對開展過程的純粹等待相比，仍是有一種間距存在。

策略性的等待

因爲這種純粹的等待並不會原則性地偏愛「耐心」而不喜「快速」，推薦聰明的延遲（像是種減輕效果的緩刑），或是讚頌對立於「趕忙」的「緩慢」（因爲這兩者終究要平衡的：西班牙的緩慢相對於法國的生氣勃發、冷漠相對於紅火等）。當葛拉祥讚賞等待時，他是把它和個人連在一起思考，把它當作是一種人格特質，而在道德層面，他的寓意化和心理化一起進行，等待是我們能掌控自身熱情的證據（這是作用在自身的暴力，就像他說的，「只在適合時才爆發出來」）。我們停留在人文主義的自我主宰理想中，而不是使它完全依賴進行中的開展；我們仍停留在一種目標和行動的邏輯中，即使它剛和轉化的邏輯擦身而過。因爲策略性的等待比這多更多——或者完全是其他事物——而不只是計畫的「成熟」（相對於使一切流產的「操之過急」），它是不急不徐：它本身也是規律變化的，正因爲它避免任何計畫投射，因而它不會缺乏耐心，而是能夠在整個開展中都符應其時間。

即使如此，在我們的人文主義英雄式視野中，而且直到馬基維利，就算是我們高舉遊歷和冒險的行動，我們也不會在其中辨示不出一丁點的規律變化的理念：比如說「命運之輪」這個很平庸的主題——或者換個說法，行刑的塔皮亞山就在羅馬宗教及政治中心的卡皮托利歐山附近（意即幸福過後，失落很快會來）——我們並沒有完全擺脫。當幸運離開了，要知道「她仍會再來」，將一些人抬高，其他人壓低：任何失敗不應使我們絕望（不要失去勇氣），但任何成功也不能確認我們的未來（不要向傲慢讓步）。就在這教訓之外，馬基維利的想法中仍有一種有關「世上事物」的本質的理念，它認爲即使所有的存在都是動態和稍縱即逝的，世界的整體卻是穩定的。我們別忘了，終究來說，時間「是所有眞理之父」……但就在這，趨近也走不遠因爲我們不得不理解這個命運之輪的呈現仍大量是一種神話性質（不能完脫離俗民想像，同時混雜著信仰和懷疑）；而且馬基維利的思想中仍有另一層面，它屬於人性世界的地平邊緣，那便是冒險的行動。他底蘊中的不變性包覆著現時變化的變化性但不會深入其中。它因此不會化約時機的意外時間；它不能將人的時間改變爲規律變化的時間。

5

因此，存有兩種理解時機的方式，或至少人們對它的一個面向的重視更勝於另一面向：將之視爲遭逢或視爲結果。在歐洲這邊著重的是必要和偶然之間的關係，而存在於馬基維利思想基底處的便是這個關係：人的世界是由必要但不連續的事情接連發生所組成——這張織布因而是破洞和脫線的——在它們之間會出現一些幸運的相逢。或者用一個更戲劇性的模式來說（但我們是如此喜歡這個戲劇……）：時機是不時前來補救此一撕裂的恩寵。由古老的宗教背景中重新提取而出，這個撕裂究極而言，乃存在於事實本身。不論是涉及認知或行動，或甚至創作更好（這時遭逢的是靈感），人們喜愛的也是兩個不同時段暫時的相合，產生一種「時機幸福的同時性」（相對於楊柯列維契，《我不知是什麼及幾乎不存在，I，禮貌與時機》）：在某一時刻形成的「交集」（就像人們說的，是在一特定短暫如尖點一般的時刻），它

將時機視為遭逢或結果

介於一個「發生」的片刻及「介入進行」的片刻；換句話說，時機被當作是一個「交叉」，可以取代時序上的分離，後者是無效力的，要從中獲利的乃是這個時機性的連結。但它是如此脆弱，以至於談論遭逢或交集都仍過於沉重，而楊柯列維契也想修正其用詞：因爲這實在很難說是交集，比較像個切點，因爲這個遭逢是稍縱即逝而其時延也是極限的——無窮小——它就像是個閃電般突然出現，在那「幾乎不存在」的時間裡……放棄了希臘的循環時間及永恆的時期主義，我們會對時機的例外性感受更爲強烈。它是深刻的悲劇性，而修辭學可以技巧地施展其**悲愴**：在一個不可逆轉的時間裡，時機成爲「獨特的」，「沒有前例亦不會重來」，它要來時不會宣布，也不會有第二次，我們既不能預先準備，也不能在事後趕上它，等等。每次它出現時都是第一次（也是最後一次），它總是「不合時宜的」，我們不能對它提出教訓，只有即興演出的可能。

「爲了放鬆不期而遇的緊急」，楊柯列維契在某一發展中

遭逢中的**悲愴**

的片段裡，留下了這樣的想法，「我們必須親密地符合演變的曲線：沒有長段時間的，共鳴也許可以讓我們主宰發生……」楊柯列維契不再繼續往前，句子就停在刪節號。在這個思考的轉折處，一種假設確實被瞥見，我們可以預感其邏輯，如果它實現的話，但〔這裡〕卻沒有辦法將它發展；這個約略被描繪出來的選項沒能再發展下去，因爲它作一種可能的狀態，雖然精確地被標定出來，卻不能融入任何一致性中，以致沒有任何事物能將它延展並給它緻密性。楊柯列維契也就停在這裡，理念也被懸置。但我們認出它來，這正是中國傳統在它那邊所發展出來的可能性：在正在進行的發展中的每一個階段陪伴它，直到它的完成，持續地和它相合（參照上面所說的「符合演變的曲線」、「共鳴」）。遭逢的意外邏輯，如此突變爲一種和過程的發展持續不斷地相合；時機不再是提供給行動的一個短暫偶然時刻，它變得和轉化的所有階段都是相合的。的確存有遭逢，而且它首先是在開端階段，並且是過程開始的時候（參照開始的「幾」），但它

除非我們知道如何「吻合」已進行的開展

由起初的開端到最後的發動

因爲很早便被辨識出來，當我們一開始依靠它時，它就展開一段演變而我們可以在其中逐漸地獲取利益。遭逢的開端是「具決定性的」，因爲它使實現的可能性得以開始，而在另一端，時機最後的「發動」，包含著累積的所有潛能：在開始的遭逢和最後以結果爲身分的時機之間，置放整個過程的時間——對它我們有掌握點，也能使它朝向和我們所希望的方向轉變。在完成處，而且因爲演變的好處，意外逐漸地轉化爲「不可避免的」結果；而且，不必呼籲開動一個冒險行動，介入是最微妙的。

事件的消融

到了最後，我們會看到事件被消融了：我們一般會慶祝戰鬥，而且它會創下歷史時刻，但〔這裡〕它變成只是作結論；到了這個階段，偉大的將軍甚至沒有贏得它的功績。相反地，在歐洲這邊，時機的確是事件中的事件，它同時是到臨和具體實現：一方面，時機突然爆發出來，它打破流變的持續性突然出現（它是突然來到）；另一方面，它也使潛在的、先存的、想要實現的因素可以達到時間上的存在，使它無中生有地受到決定（就像楊柯列維契所說的，它「會使因果在時機中產生」）。然而中國並沒有將這個（時機的）時刻當作一個毫無代價的純粹出現來思考，也沒有以因果觀點來思考它（深不可測的「自主因」不停地纏繞著我們的形上學，而楊柯列維契也沒有遠離它）；但把它思考爲過渡，它像是一個持續轉化的暫時可見的顯露。中國人長久以來就有長時段、時延的概念，而我們的歷史理論最近才對它產生興趣——他們用別的名字來稱呼它，但可以將其意義良好表達，甚至能夠照明它：「默化」。

以有利於「默化」

6

把時機和行動連在一起，把它構想爲一種遭逢，並提升爲事件，或將它變成了其思考的一個結——既是結也是問題。希臘的知性主義的確是首先把時機理性化。對度量的高超能力給予信賴，奠基於擬眞的計算，就在度量（*metron*）和計算

（*logismos*）的雙重權威下，醫生、演說家或戰略家，受到技藝（*technai*）開始使人期待的無限掌控所誘惑，希望成爲「時機的工程師」（參照莫尼克．特瑞德著作）。西塞羅仍然回應著這樣的樂觀，認爲可以有一個最佳位置和最佳時間的科學（他說：「一個適合動作時間的科學」；而潘尼提烏斯已經提到：「一個行動適當時機的科學」）。這卻不會阻止，自西元前第五世紀末開始，希臘對主宰時機的信心開始受到威脅：偶然侵襲了檯面，這是突西底德所不能排除的，時機的遭遇是偶然的賜與，時機（kairos）和機遇（tuché）連在一起，甚至傾向於和它結合爲一。亞里斯多德便注意到這一點，因而將時機和偶然性連在一起，並將偶然性當作是人類活動的眞正場域；另一個科學上的障礙，也已經說過了，時機屬於「我不知爲何」的特殊性，抵抗著一般性。最後，丹尼斯．達利坎納斯說出他的觀察：沒有一個哲學家或演說家曾經對時機說過任何有用的話。面對時機，推理沒有可作用的地方，決定也沒有用，心智承認了它的侷限。然而，由時機的非理性，我們可以推論出成功的非理性此一結論。效力的道路變得模糊不清。亞里斯多德承認道，有些人成功了，不只「不靠推理」，甚至是「和所有的科學的教導及推理相反」。馬基維利這時也只是重複亞里斯多德：在產生出一種非理性的態度後，對於人和處境的不良理解可能會成功，而那是理性絕望，計算者失敗的地方。

爲了回應這麼多的非理性並將其除魅，西方必須爲自己發明一個時機的神話學，並將其人格化。（在亞里斯多德的時代）李希普雕塑了它，波賽狄普稱揚了它：時機之神凱羅斯是「一切的馴服者」，「以腳尖前行」（或「飛行漫遊」），在他手上拿一把剃刀；在他的前額掉下一綹頭髮（必須在它靠近時捉住它），但在後面，他的頭顱是禿髮的（以至於沒有人可以捉住他）。馬基維利也一樣，把時機描寫爲一位一直在運動中的女神，「一隻腳站在一個輪上」。所有的文獻都警戒說時機是要瞬間把握的——「由頭髮抓住」——不必反覆思量辯證，更不必思考，就

（在希臘）它也被人格化了

時機的意象不受化約為效力

像是用劫持的一樣。然而我不認爲我們能停留在這裡，這個主題包含別的東西：比如我們對它進行寓意化所得的樂趣正好就是個證據。如果時機抗拒理性，仍然能夠對它所開啓的意義，對它所產生的張力加以強調。時機的非理性地位並不能耗盡這個形象，而這一點如以中國爲觀點會更感受鮮明：其他的資源出現了，另一個動機現身，而這是我們在中國沒有遇見到的。

遭逢——事件呼喚果敢

首先，時機召喚著膽量，也召喚著洞察力，它要求我們以果敢來回應它的挑戰，它含帶著我們必須自我超越。然而，在中國古代的著作裡，這自我超越並未受到讚揚，至少不是以個人的名義，因爲它比較不是被當作意志的效果，而是一種條件制約下的效果（就好像落入死地的軍隊只好拼命作戰，因爲沒有別的選擇）。我們雖然在這些（中國古代的）兵書中找不到它的蹤影（我們看到，聖賢/戰略家警戒自己不要愛好大膽作爲），相對地，在希臘「果敢」（*tolma*）卻是到處被提到，比如談論戰爭（參照《西巴克集》，7；或者是像布拉希達斯這樣一個「經驗豐富」的戰略家），或是談論修辭學（由柯紀亞斯到依索克拉特皆如此）。對於馬基維利而言，面對命運之輪的果敢乃是最佳的美德，而這就是他以*virtu*（軍事精神）爲名所讚頌。*Per fortuna o per virtu*，或者是因爲幸運或者是因爲才能：如果時機在奠基者的成功中要計入一份的話，那也是，甚至特別是，因爲它將他們的能力展現出來，允許他們**果敢行事**。因爲就其本性而言，幸運是個女人，它會向「熱烈的男人」讓步，而不向「冷淡的男人」讓步，她喜愛年輕人因爲他們更爲大膽。時機的令人驚訝產生了一種能量的提升，而風險也允許英勇作爲的產生：所有被爭奪來的時機都是個光榮的時機，時機是英勇作爲的啟發者。然而，就中國的戰略思想而言，我們已經了解，對光榮並無興趣也抗拒英雄主義。或者甚至就戰略本身的原則而言也不是英雄主義的——不應該是的？

分歧：英雄主義或戰略

當時機被構想爲遭逢時，它將自我高舉到自身之上，使它嘗試超越自己以爲的界線——因而達到崇高；它也使時間脫離它

遭逢—事件開啟了超越的可能

自身，使它成爲前所未見：展開了一個未曾想過的希望，提供和一個外部（dehors）的接觸——由此產生暈眩。由於創造出撬鎖（effraction）的機會，這個時機也是自由的時機，它躍入可能之中。然而，中國思想從未思考過一個眞正的外部性（因爲對立者就是互補者，它含在一個互動的邏輯中）：它不認識這個遭逢的狂喜。同樣的，它似乎對在不能預見的現在之中，所擁有的刺激和迷人處不夠敏感，這樣的時刻是一切都在片刻的緊急中決定，熱烈的生活——這個「白熱的現在」（楊柯列維契）。它有想到由演變及長時段中獲得好處，但不是由這充滿熱情及生動力量的例外時刻。因爲這意外性質本身是吸引人的（不能掌控的事物是令人著迷的）：在必須觀察到戰爭中的不確定性是不可避免時，因此推衍出一個嚴謹的理論是不可能之後，克勞塞維茨產生了一個未受期待的翻轉，他對此不確定性正面地看待。因爲它打開另一個空間，產生數個狂熱的勁道——它滿足了其他想望。戰爭作爲一個「遊戲」，他承認，這是「最適合一般人類心智的元素了」，雖然這樣可能不能將它當作一個科學的對象。因爲，「不必屈服於平庸的必要性，它在可能性的王國裡遊樂」；「狂熱中，勇氣長出了翅膀」，於是果敢和危險成爲心智投入在其中的元素，「就像是無畏的游泳者投入急流之中」。遊戲、冒險、果敢，這是中國的戰略一向不願進入的場域。

遭逢—事件中的遊戲、風險、冒險遊歷

依歐洲構想時機的方式，其中會產生冒險、驚奇和未知的快感。這是冒險遊歷（aventure）的快感，簡言之，也是由敘事中得到的快感（敘事特別著重的對象爲戰爭及愛情，但它們在時機結構上是一致的）。被構思爲一偶然的遭逢，時機令人想要作爲也使人夢想，它的經濟較和慾望相關而不和效力相關。或者毋寧說，它整個非理性部分的邏輯要在另一個層面發現，即想像和熱情的層面——而這也就是它的寓意化所搬演的。例證是在俗語裡會提到的命運之「喜怒無常」；或是馬基維利所作的建議，要把它當作一位女性來接近——或是侵犯。

快感效力

快感或是效力的邏輯——在此道路分開了。當我們跟隨歐洲被宣稱爲效力的道路時（以目標—行動—時機這個組構作爲基礎），最後我們發現它導向的方向比較是英雄主義而不是策略。馬基維利或克勞塞維茨他們自己有像人們說的那麼在意策略嗎？在他們思想中，不可避免地，和效力的純粹作用相比，還會有一個剩餘——過度——而那更和人的激昂及光榮有關？我們也許永遠不知如何脫離史詩……

分歧的終局

我們在這裡也應暫時放棄此一平行，而停留在中國這邊，嘗試去更進一步了解效力是如何含蓄地自我發揮，符合它作爲結果的地位和經由純內在性而發揮。想像和熱情也可能是效力的來源，但那需要**花費消耗**。接下來要看的是如何獲得效力又不用花費消耗。

有待時續探索的問題：內在性

第六章　無爲（而無所不爲）

1

由《老子》迂迴（而出，脫離形上學）

我相信，西方對道家思想家所主張的「無爲」，經常理解錯誤。至少就這個思想流派的奠基文本，也就是《老子》中所構想的無爲而言是如此。這個文本是中國思想偉大文本中最簡短的一部——才將近五千字——它也是最廣爲翻譯成歐洲語言的中文文本，無疑這是因爲它同時是最具啟發性卻又最不能被翻譯者（其一支持其二），同時是至關緊要又最令人迷惑的。因此它的訊息就更珍貴，因爲它從未完全被察覺，而我們懷疑這訊息多少遺失了（我們只好以自己喜歡的方式閱讀）：這是一個永遠保持距離的智慧，埋藏在理性的工作之下，或至少是被它所遮蔽，然而只有這些格言還保持有一些鮮度。它也是從不短絀的迷惑源頭，尤其是因爲其中的意義看來既簡單又神祕：最簡單的——或最基進的——也因此是最神祕的。

這便是「東方」，或至少是它的幻影，異國情調中的永恆東方，而西方喜歡將它當作自己的反面，因它能如此輕易符合其幻想，而西方就一直以補償的方式來消費它：它的非理性主義很幸運地可以作爲科學所確定建立的機具的閥門，它常用意象（且詩意的）語調可以暫時爲概念和邏輯的牆壁所封閉的氣氛帶來一點新鮮。但這樣並不會離開這個封閉空間——不能思考它的外部。因爲我們以爲《老子》是部和我們類同的神祕主義著作（它是我們的理論論述的它者），我們就很容易地爲它貼上神祕主義的標籤。同樣地，因爲我們把效力和行動相連結，我們便傾向於把他的無爲詮釋爲我們的英雄主義的反面，因而將它當作是放棄及消極（「積極的」西方夢想著在東方休養生息）。然而《老子》不但不是不對人間事物感興趣，讚揚避世，它的無爲卻是教導人如何在人世中處事以獲致成功。因爲這一點，某些事物的缺乏變得很明顯：這位道家的思想家不會邀請我們逃離這個世界，因爲他並沒有可以排斥這個世界的另一世界，可讓我們依憑的另一個世界，而爲了等待它，我們可以忍受生命。就其整體而言，就像其他中國古代的偉大文本，老子的格言是向君王述說的，它們是政治上的一些治理之道——甚至是策略：無爲之所以受到讚揚是因爲有可感的收益——「得」天下並使秩序在其中運行——因此完全是著眼於其效果。

無為的箴言並非呼籲不介入人間事務

相反地，它教導如何成功

要接受這一點，只要將句子讀完整：「無爲而無不爲」（《老子》，三十七章、四十八章）。這裡首先可以把「而」字當作最簡單的連辭「和」，但它連結的其實是兩個可能看來相互矛盾的意義——相互對立但又相互連結。我們可以如此讀這個句子：「無爲**但**無所不爲」或者「無爲**因而**（以至於）無所不爲」。這個「虛詞」**而**將句子的兩個部分連接起來，一方面說明相反的兩方其實不互相排除，以及由其一到其二的過渡；而且，就第二個意義而言，這不是一個眞正的意義，它不只是使得後面出現的像是前一部分的結果，並且在兩者之間導入一個發展的層次，又（利用它的「虛」）複製了過程的時間。整體來看，這說法不只意謂著無爲不排除效力，而且特別是因爲無爲（知道不

知道不要作為

要作爲）而更能達致所期望的方向。在這個階段，事實上（如同「無所不爲」），就將來的結果而言，雙重否定事先將所有的極限和欠缺排除，它使結果臻於飽滿狀態。

這是爲何，不論是君王或是聖賢，無爲皆是其條件。它本身就說出了他們的野心。如果國君要「使得」智巧者「不敢作爲」（使夫智者，不敢爲也）（三章），那當然是因爲，透過其主動作爲，這個「智巧」的作爲將會擾動事物自發的發展過程（作爲或言說：在此言說便是作爲——點散的、明顯的及強迫的——而聖賢的言說不比作爲更多，參照五十六章（知者不言，言者不知）；或者，反轉這個比較：作爲如同言說，作爲就像言說一樣是**外加**的）。一旦作爲，事實上，相對於事態發展的方式，我們便設立了「另一個開端」，我們創造了一個「事端」（參照王弼對《老子》四十五及五十六章的注釋，此注釋成於西元第三世紀，是對於《老子》最具哲學性的解說）。因爲它帶入了外部的事物（像是模型或是投射出來的意圖），因爲如此它便肇始了一些事物，但那卻不是原來便含帶在其中的，因此必然是一種介入，這個作為不可避免地成為一個尷尬的來源，它的**介入**就像是個障礙：如果人們「不敢爲」（六十四章，章末），那是爲了不去阻礙自然而然便會到臨的事物。相對地，以任何語氣，在任何時間，歐洲都承認了果敢的價值，而這位道家思想家卻讚揚「非果敢」。其原因，只是因爲作爲中的主動發起會產生一種受激起的危險（因爲闖入的結果）：如果因爲「勇氣而果敢」，那麼將不能死於自然之死（勇於敢則殺）；相對地，如果我們有「不敢」的勇氣，那麼我們便能確保最基要的——而首先這便是保持「活著」（勇於不敢則活）（七十三章）。

讚揚非果敢

事實上，有兩個邏輯相對立著：一方面是活躍積極，這是花費消耗及無盡積聚的邏輯，其模式是**永遠更多**，根據它我們不斷地學習（爲學日益）（四十八章），或是走得更遠（其出彌遠）（四十七章）；而另一個邏輯，則是相反的，根據它我們不斷地由介入之中退出，減少事務。我們要以這個劃分爲照明來閱讀

由介入之中退出

原先的提法：「減少又再減少，以至於無爲的階段：不作爲——（而）沒有不成就的。」〔損之又損，以至於無爲，無爲而無不爲。〕（四十八章）我們達到了作爲的零度，卻應對於功效的最飽滿狀態，我們總能「無事」而「得到世界」〔取天下常以無事〕。事實上，一旦我們作了一事，就會出現未作之事；所有的作爲，就在它進行的同時，不斷地操作著我們所作和所不作之間的切割：一旦我們作爲了，就一定會有沒有作爲的事被遺留在一邊，而這是我們完全無法彌補的。然而，這未作爲不只減損我們所作的，而且會和我們所作的反向運作，它準備其失敗，它使這作爲**失效**（dé-fait）〔爲者敗之〕（六十四章）。換句話說，所有的作爲都有它的反面，所有我們所「執著」的，在其本身就含有其「喪失」，所有的執著都包含著我們之後必須放下執著，「越是作爲，就越是喪失」，注釋者王弼如此把兩者連結起來，作出結論〔愈爲之則愈失之矣〕（五章）。因此我們只要注意避免因作爲而有更多的未爲或失敗——我們就能同時避免缺乏和失

作為即會使未作者出現

未作者使作為失效

敗。

這位注釋者說明（王弼，二十九章）任何人「施展」其「作爲」，並且「執行」，將被迫「執著」於此，但也就「脫離」了其他地方；這種境遇主義是隨意的，而且會強迫「割除」所有超越其計畫的眞實（施爲執割）。更進一步來談，所有的作爲都會被迫暫時地阻礙眞實，然而，所有的一切都向我們表明它是處於持續演變的；作爲的相反（負面）因而是符合其變化過程，是加以應對（「因」相對於「爲」）：必須要作的是陪伴眞實，使其可以自由完整地演變——它是自由地**同時**我們也是。

作為是人為的

「那些想要以作爲取得世界的人」，年老的大師斷然地說，「我看得很清楚他們作不到，但」……（將欲取天下而爲之，吾見其不得已）（二十九章）因爲他們未能了解，人的世界並非一個可以拿在手上的「壺罐」；它是同時由可見和不可見者一同形成的，所有的事物在其中輪番地出現和消失，沒有任何事物在其中停留：簡言之，「它不能是作爲的對象」（天下神器，不可爲

這是為何世界不能是作為的**對象**

也〕。它的確有它的工具性（「器」），但那是不能符碼化的，這是爲何要不停地因應它才能利用它〔可因而不可爲也〕。

如此我們可以回到先前的分殊點，如果我們克制作爲，那是爲了讓事物自己化成〔不爲而成〕（四十七章），使得世界可以「自己」「轉化」〔若能守之，萬物將自化〕（三十七章）；**受含帶的轉化**取代了**被指導的行動**。而這份對於指揮主義的拒絕首先在政治上有其價值。規定和禁令恰是政治「作爲」的激烈表達，它們越多，世界的狀況就越糟：禁令越多，國家越窮；法令越多，強盜越多〔天下多忌諱，而民彌貧……法令滋章，盜賊多有〕（五十七章）。或者是用反諷的口吻說：使一個大王國得到治理，就好像是在烹煮小魚〔治大國若烹小鮮〕（六十章）：要小心別碰觸，「既不取出內臟也不挑掉魚鱗」（河上公），不然整道菜會糊掉……〔烹小魚不去腸，不去鱗，不敢撓，恐其糜也〕

要使得「沒有任何事物不在秩序之中」〔無不治〕（像是

「為無為」

「無所不爲」的模式），要使得這秩序不是一種先置的和諧，而是屬於規律的持續轉化，遍布一切且「持續經常」，便必須「實踐無爲」，或者更明確地尊重同一詞語的重複使用，「爲無爲」，這個提法也在《老子》中簡約地出現（三章、七十五章）。這裡我們可確定，在這弔詭的外殼下，無爲並不是意謂著對於世界漠不關心，它並不使我們遠離現實（它並不是「神祕主義的」）。因爲否定並非作用在動詞本身，而是作用在它的內在受詞：作爲受到保持（在其功效的視野中），只有它的對象被取走（因它總是會有部分及停頓的風險）；尚且，行動擺脫了平常的僵化和限制，反而可以完全發揮，它和事物的變化過程相合而不是擾動它：如果我將作爲中的積極主義取出，我同時取消了失序的機會。**爲無爲**：我不作爲（不以既定計畫、點散地、強迫事物的方式進行），但我也不是沒有作爲——我並非停留在不活動的狀態——因爲我一直陪伴著眞實的所有演變過程（我和它一起，我是它的夥伴）。當世界不再是一個作爲的**對象**時，同時我也成了在它的流變中完全內在的一部分：我「作爲」但不會「衝撞」它〔爲而不爭〕（這是《老子》的最後一句話，八十一章）這個純粹的作爲（就像人們在其他處說的純粹的愛），不會有消耗和摩擦——一個沒有造作的作爲；失去了它的不連續性和僵硬之後，它便自我轉化爲無窮的變化。就好像我們可以無窮地玩味。這些平行的提法將它們的價值突顯出來，「爲無爲」就好像「味無味」或「事無事」（六十三章）。就好像無味（「淡」）構成了最多樣的味道的潛藏底蘊（將它們全部包含在潛在的狀態中），聖賢是在流變的根底處作爲，並自處於其更多施展前的上游：作爲或品嚐便自行延展，不會有排除，它們便成爲「無盡無窮」。

2

在這個思考的基底，有一點打從一開始便出現，而我們不停地圍繞著它打轉——中國思想不停地回到它，好像它不能停止地開發它：一個程序一旦發動便會自行展開，一旦事情開始進行，便會流變。**自行**意謂其中的動力被包括在事物的現狀中，而它「自然」便是「如此」，而這本身就是自然的（依《老子》中自然的意義）。然而雖然這過程被**含帶**了（impliqué），並不表示這過程會自行實現，我們仍必須提供給它適合其發展的條件。一個提法是由《老子》的爲無之爲重新出發（六十四章終）：與其「敢於作爲」，不如「輔助萬物的自然發展」〔輔萬物之自然而不敢爲〕，也就是說，最好是**協助自然而然**的事。這個提法已側擦到自我矛盾，並且是在邊際間滑入，但它散發出一種意義的可能性，而當這可能性開始開展後，卻會不斷地流出明證：這樣的「明證」，如果不把它擠壓一下，是看不出來的——這便是中國思想一直圍繞著它，以各種角度，不斷地加以闡明的，而《老子》的格言，像是在井邊一樣，也不斷地回到它。

現在把這提法的兩端重新拾起：既然這是自然而然，那麼便要注意不要以敢爲介入（會冒打擾正在運作的自發性的風險）；但同時，也要輔助自然的發展勢態，有利其動能。和（直接的、有意的、以目標爲導向的）行動相反，無爲之爲的功效是間接的：它由提供環境來進行，並透過轉化實現。其模型，或至少是被認爲最佳的例子是植物的生長（中國人民主要是農民而不是牧人）。就像是《孟子》中提到的（〈公孫丑上〉，二）不應拉拔植物想使它成長得更快（這是「直接」行動的形象），但也別忘了要在它們腳下除草，以協助它們生長（提供一個良好的環境）。我們不能強迫植物生長，但我們也不能把它遺棄在一旁；然而，透過排除其成長的各種阻礙，必須**讓它成長**。而且，這一點在政治面也適用：好的君王——他是《老子》主要的對象——將限制和排除去掉，使得萬物可以各自以其所適，飽滿地發展。他的無爲之爲是任其作爲（任其作爲，任其通過），但這並不是說什麼都不作。因爲這是作到使得某一事物可以自己單獨作爲。但如果作爲在此變得極微、極含蓄，這個「讓」仍是主動的。

同時，含蓄的一面使得它變得很難被察覺。我們可以由它的相反面來想它，將（他人）所「下令的」，對立於「經常自然形成的」（夫莫之命，而常自然。）（五十一章），然而這常自然形成、在自身中形成的，常是不可見的。如此，脫離任何積極主動主義的作爲，和事物自發的變化過程合而爲一，我們無法察覺它；由於它分散在整個演變過程中，在它身上，便沒有什麼可以當作焦點或突出的，它如此之早便和原則相合，我們看不到它和其他事物分離彰顯。這個無爲之爲是既無突顯物也沒有粗糙面的。在作爲和作爲的結果之間的邊界消失了，我們不再知道要把效力當作是誰或什麼東西的功勞，每個人都覺得可以誠心地當作是自己的貢獻。當因爲無爲之爲而使得「功效自己形成而情境便加以跟隨」，所有的人都說：「它自己來到我這裡」（功成事遂，百姓皆謂我自然）（十七章）。而且，最好的君王是我們只知道他存在（「在上的確有一位」）（太上，下知有之）：我們已知道，我們越是無法察覺，他的功績就越大（並不是因爲他謙

和事物自發的變化過程合而為一，此無為之為是無法察覺的

虛地尋求加以隱藏，而是因爲其他人沒有能力察覺它）。這是爲何，當效力變得自然了，我們只能「隱微地」談它，或毋寧說，就是用這種隱微的方式我們能最良好地談論它〔希言自然〕（二十三章篇首）：在談論它時採取自制，我們就讓它在意識間流轉——它的臨在是以虛的方式留下印記。或者，既然爲無爲和味無味（淡之味）相通，那麼就以平淡的方式來談它最好（參照，王弼注，二十三章〔然則無味不足聽之言，乃是自然之至言也〕）沒有任何一個味道突出其表現時，我們返回事物無分底蘊的中立狀態——這也是它們潛能的底蘊。

為無之為是「平淡的」

上溯功效之源

形上學建構缺席之處：真實之形成的各層次最高終結於「自然」

實際上，上溯眞實成形的各層次，我們可以將它們一一區分（二十五章；參照王弼注及《周易大傳》）：具體形成的層次，乃是實現的層次（「地」），而由人「效法」；在它上游，乃是事物仍含蓄的排列，預示著它們的實現，但加以賦形（由地「效法」：「天」）；更高的是事物無窮盡的變化，使它們由潛在成爲實現，以及相反（由天「效法」：「道」）。在道的上游，最後的，乃是「自然」（像是**自發地**來到的能力）：它不像是多一個層次，而像是「道」的完美模式——這也是功效最飽滿的狀況。最終的「言詞」、「極端的」邊界（自然者無稱之言、窮極之辭也）（王弼）：自然不效法任何事物，沒有上游，它的特點，即它和其他層次的差異，即它並不和其他層次有關，只和自己有關。我們可能會以爲（人們的確曾這樣以爲），這樣一種眞實的層次區分可以用柏拉圖的模式來閱讀。但首先，一個階段「效法」前一個階段並非意謂它複製了它（像畫中的床複製了匠人的床，而後者又複製了理念），而是它由那裡找到靈感並加以連結（由一個層次到另一個層次因而沒有損失）；更重要的是，這裡談的不是存有的層次，而是實現的階段或層次（我們已經看到不少了，中國的視象並不是存有學式的，而是將眞實思考爲過程）。而且這個眞實的排序也不會累積至一種超越的形式（一種超越形式：善的形式），而是存於眞實「底部」的能力，它構成了過程的**底蘊**（它的存在過程不停地由此進展，同時是它的資本

它們也不是以存有的方式被思維，而是以過程的方式

過程的底蘊

和源頭）。它構成了「道」的絕對模式，我們可稱之爲其內在之「德」（根據這文本的書名，**道德經**，道與德之經）。

內在之德

我們對其中每一個詞語都要精確理解。德在此並不是道德上的意涵，即根據善來作爲的狀態/能力；道家的大師不留餘地，他說聖人像世界一樣（「天地」）一樣，不宣稱自己有「人性」並良好作爲〔天地不仁……聖人不仁〕（五章）。因爲作爲不適合，仁善也不適合：如果我們與他人爲善，我們會把自己的行爲聚焦在善良、個別而暫時的行動上，這時我們就落回了引人注意的作爲和少許的效力；我們所稱之爲善的，不過是一種投射在世上的規範（道德中的「正直」），而這使得我們把世界切成兩份，把它和自己對立（善—惡），而最後就把它割裂了。這是因爲，把一者和另一者隔開，我們使得它們的相互依賴失敗，我們看不到它們之間的一致性（二章，四十九章）。

它不通過道德與否的分歧

德在此應以另一個層面的意義理解，它不再指涉應然，而是和功效有關：它的意思是一種使某一特定效力如是存在的品質；換句話說，它擁有產

效力意義下的德

生它的能力（就我們說某一植物有治療的效力，或是時間修補的功效，或是當我們說「以其某種效力」（en vertu de）時）。根據一個中國最經典的註解，而它對於《老子》也有效（參照王弼注，三十八章）「德」在此要以一先同音後同義的動詞來理解，即「得」（德者得也）：「德」是一種功效。至於內在性，它比較是被標誌，而不是被界定（界定它當然就是喪失它了），三個提法接連環繞而上以追縱它的邏輯（出現兩次，在十章和五十一章）：「它使之產生但不擁有，作爲但不依恃，使其增長但不主宰。」（生而不有，爲而不恃，長而不宰）換句話說，內在之

如何描述內在性？

德（元德）並不擁有因它而存在的（它沒有利害關心），它的作爲是既不依賴也不居功（「無恃」），它使／讓其開展——但並不行使權威。它運作自身但不作超越。或者，「萬物依恃它以成就自己，但它卻不引導它們（或更好的說法，它並不「拒絕它們」）；功效產生了但它並不出名；它給萬物溫飽，卻不當它們的主人」（萬物恃之而生，而不辭。功成不名有。衣養萬物而不

爲主」（三十四章，的確有「能力」，但沒有「主人」（有德無主），王弼如此總結道，十章）這便是在實在底蘊（「玄」）中默默蘊含的能力，而聖人若要有功效便要由其中汲取；爲了永不「喪失」，它必須和其「同化」（失者同於失）（二十三章）。

這個內在的能力是中國思想中的一個共同點。在儒家和道家這兩個相敵對的大傳統之間（我們可能過度以貼標籤的方式來區分他們），就功效的角度來看，其差別在於前者明顯傾向於把德的兩個意思混融在一起（因此根據孟子，君王的仁德吸引所有的人民歸向他，並使他勝過其他君王），然而後者就明白地將這兩個意思分開。不過不論我們是因爲內在的正直而達致，或者是因爲和事物自發的發展過程相合，兩者都在無爲之中相聚（無爲並不是道家獨有的，即使這個主題在其思想中標明得較爲清楚）。儒家所主張的道德進展也匯聚於自發性，勤奮的努力這時反轉爲——分解爲——完美的從容（誠者，不勉而中，不思而得，從（鬆）容中道，聖人也。）（參照《中庸》，第二十

內在性的意念為中國不同的思想流派所共有

章）。舜是仁君的典範，孔子說他：「無爲而治」（《論語》，十五，四）；而「不爲而成」與「不見而名」都是這兩個思想裡具決定性的組構（《老子》，四十七章及《中庸》，第二十六章〔不見而章……無爲而成〕）。

就其深處而言，道家和儒家間的差別，比較不在於他們思考眞實來臨的模式，而在於它們一開始時如何構想現實：儒家構想眞實的方式是出自於主動及回應的人心，而這些會不斷地注入到世界偉大變動過程中，既不偏亦無窮（**誠**：回應心中的「人性」及我們內在的連帶感：**仁**），這使得世界的變化持續而有其規律；道家構想世界是由無分別的底蘊出發（**無**）而所有的個體都由此成形實現（**有**與**無**），而在其最飽滿處，自然之道（**道**）將其引領回返。但這兩家思想都對功效的內在性抱持相同的看法：不論是來自道德影響或是因爲自然傾向（道德的功效也是自然的），傾向會自發地達成，「不必召喚它就自己會來到」〔不召而自來〕（《老子》，七十三章），結果是不會有錯失的（《孟子》，〈離婁上〉，九）。不論是「道」或是道德，世界都會不可避免地向它回歸，也歸屬於它（**歸**的兩個意義）實際上，回返同時意謂著世界回到其原初的底蘊（無分的底蘊或人性的底蘊；參照，《老子》，二十二章，三十四章；及《論語》，〈顏淵〉第十二，一；《孟子》，〈離婁上〉，四、十三），而歸於人身上的則是作爲利益，這是有正當性的利益，而這就是其功效所產生的。在這一點上，雙方的智慧主張是相和諧的：此一回歸內在性乃是一個確定的收益。在中國，聖賢回到過程的自然性中，也使得世界自動歸屬於他。

3

道家的無爲既然不是沒有策略上的可能，我們將不會驚訝於那些宮廷中的顧問會以他們有利害著眼的觀點來使用這思想。這不是一個聖賢遙遠的教導，它不只對君王有效，而且也能爲所有想成功的人服務，那是在一般的時刻，較小的規模上；或者毋寧說是因爲它放棄了作爲的明顯可見，事件性消融了，於是時間似乎變得「平凡」起來。情境改變，但是在「沉默的」狀況下。

在人際和利害關係中的無為

在外交或政治的事務中，最簡單程度的無爲，我們已看到了，便是等待：「聖人在／以無爲〔中〕等待他有能力」〔聖人以無爲待有德〕（《鬼谷子》，〈本經〉）這個提法值得我們重讀，因爲透過道家的照明，它更是起伏有緻：不只當情境中沒有可作爲承載體的事物時，除了等待便沒有其他事可作，而是，「勇於」無爲我們才能自我保全（這對後續的發展是基要的：如此才會有後續發展；道家的注意力專注在一個——首要的——事務上，即保存生命）；但重要的是，當沒有任何事物是正面有利的，就不要有所作爲，克制介入，這樣就不會以其積極主動擾動正在進行的規律變化，而我們更能使事物有所成。這裡我們回到道家所作的教導：正面衝撞情境是無功效的。這樣的作爲可能是英雄式的——它至少是引人注目的——但它是虛幻的：它將會失敗。是在「區別困難與容易之後」，宮廷顧問才「構想其策略」（當其難易，而后爲之謀」（《鬼谷子》，同上）：他的作爲減少因爲他能非常從容地跟隨著發展線索，而且不受阻礙；這本外交論著繼續說道，因爲「符合正在進行的過程的自發性」，也就是自然之道，他的策略便成爲「有實效」（因自然之道以爲實）：他越是能吻合眞實的變化過程，這個作爲就越能融入於現實中，也便能和它一起成就。

無爲的提法因此可以在外交層面上一般化：如果在和其他人的往來中，我們可以適應個案的差異，那便能在每次都由個別情況中獲利，不論那是什麼樣的方向，於是，「無爲」，卻能「引導情勢」（無爲以牧之）（《鬼谷子》，〈捭闔〉第一）。無爲在此意謂著就人際和利害關係而言，對於情境保持虛待的態度，以（道家的方式獲得）內在的穩定而能得到平靜，也就是不對情境投射理念或意圖，或者，就像這部論著如此優雅地說，將它「包」持著，而不是集中注意力在它身上，那我們便能「實行權威」〔無爲以包志慮思意而行威勢〕。蛇或龍的意象更好，可以良好表明這樣的神智動態，即他能自由自在地演化，不會有尷尬或辛勞（**演化**對立於行動）：龍柔軟的身體沒有固定的形式，牠可向任何方向擺動及蜷曲，內縮是爲了展布，後撤是爲了前進；牠和雲霧是如此相合，而且總是由它們所承載，牠的行進無須消耗。同時，人們也很難分辨它們兩者。同樣地，策略的意向性並沒有特定的意圖，它不會在任何層面僵化，以便良好地吻合情境的輪廓而由其中獲利：如果策略家無爲，那是因爲他不將其能量分割或將其消耗在任何特定的行動上，他是像龍身一樣無限地不受拘束，受不斷更新的情境所助——一直演化——不斷地前進。

無為之為轉化為演變的能力：龍

這裡，我們可看到外交思想和道家的無爲之間保持著那一種令人憂心（變態的）的關係。道家所著眼的是共通的秩序，宮廷的顧問在此穿上聖人的形象（這詞語仍受保留）卻只想到他自己（透過君王所得的）的利益，而他既無一點保留亦無羞恥；尤其是，當道家有意地棄絕智識（因爲它會擾亂內在的樸質〔絕聖

以反應取代作為

棄智……見素抱樸〕；《老子》，十九章），宮廷顧問則是把無爲整合到一種策略性智識中，並且承認說它是在陰暗中展布，並且喜愛使用智巧〔聖人之道陰……無爲而貴智〕（《鬼谷子》，〈謀篇〉第十）。不過，兩者仍共同認爲要符合情境以由其中獲利。吻合事物自發的變化，以「陰性」的姿態來回應，如同《老子》所建議的（**順**與**因**的意思），可允許將策略不再以行動來構想，而是以回應（**應**）來構想；這個詞語的變化便足以改變全部的視野。作爲是偶然的，因爲它必須在一個它所遭逢的情境中冒險，它也是高成本的，因爲它必須花費能量才能採取主動並且開始執行；相對地，回應中的無爲之爲是完全不同的：反應不再是冒險的，因爲情境已經過測試並已呈現，它也不再是花費高昂的，因爲我們是受到他人已投入的行動所承載（而不是拿自己的資源出來作開端）。最後，作爲因它的開創手勢而有任意性，因而多少必須強迫眞實才能加入其中，反應一開始就是有理由的，因爲受到引發它的事物的正當化。行動必然是受中介的（它必須受到一個意圖的準備，以一個意志的作爲爲其動機），而反應卻可能是不受中介的（只是貼著它者，不花費理念或意志）。甚至，我們可以說：作爲是超越於世界的，它仍有外部性的痕跡（它必須**強加上去**），反應則一開始就把我們重新整合到一個內在邏輯中，只要加以**吻合**即可。這轉譯於它們各自的能量分配方式。行動因爲其計畫而僵固，必須固定在一個特定的地點並在那裡停留，反應的回應性則使它保持活躍的動態：就像龍—蛇之身，它在任何角度皆能回應（參照被當作戰略典範的常山之蛇：「擊其首則尾至，擊其尾則首至，擊其中則首尾俱至。」《孫子》，〈九地篇〉）。就像這本外交論著所總結的，反應「無固定地點」〔應于無方〕（《鬼谷子》，〈本經〉），它可以在任何地方，任何時刻產生。簡言之，它不能被定位；在此，它和轉化無處不在的運作相合。

反應把我們重新整合到一個內在邏輯中

4

我們還可以把這個其實只是表面的弔詭推得更遠：即一個獨裁的思想可以受無爲啟發。不論是以傳統的說法來看，或是就文本所見證的，實際上，無可否認地，中國「法家」的政治威權主義和道家思想家有直接的傳承關係。但這裡就根柢來說，沒有什麼好驚訝的（因此在文本中也沒有什麼好區分的，如同汪德邁已良好展示的）。只要它分布所有地方及所有時刻，使得所有人都受到最嚴苛的限制，已成爲極權主義的威權主義權力，便不需要點散式地作爲：它所強加的制約是一次施行就永久有用的，因而它不必再使用意志或施力，臣服便會不停地流出。當它的暴政成功了，暴君便不必再作爲，只要讓效果自行發生就好：對於他的臣服是自發的，達致了完美的反應性，而它的超越性被推抵頂點，翻轉爲純粹的內在性。

完美的獨裁者不必再作為

這是因爲，中國「法家」在設立最威權的體制時，對於效力所期待的，的確便是它的內在性（對它們來說，這會轉譯爲服從）。就像它的最佳理論家所精密分析的（《韓非子》，第八章，〈揚權〉），這種權力的性質，因它來自所實施的一種制約，所以不必自我「呈現」，而它的保有者本身則保持「空虛而無爲」，只任由權力自行發揮（權不欲見，素無爲也）。理由是，雖然「事務擴散到四方」，「最本要的仍在中央」，而我們已看到了，這便是由權力的機制所構成：一方面它使得君上可以建立所有人皆需服從的獎勵和懲罰標準，並使每個個人會本能地依恐懼和利益而反應；另一方面，也利用精細構成的集體責任制度、相互抗衡和多重檢驗來將全體人民綁在一起。這個權力機制是如此構成，因而它的作爲，或毋寧說它的反應，就像一個純粹的配設（un pur dispositif），君王不必花費力氣來作判斷：懲罰和獎勵是自動化的；也不必再辛苦監控，因爲告發是系統化的。到了極致處，當這政體已被完美地內化時，甚至不必再施罰，因爲每個人受到其內在的慾望和厭惡所推動，會自發地遵守所被強加的律法。每個人自然地各司其職，就像「公雞的功用是在晚上監察巡視」，或貓「的功能是捕捉老鼠」，而「聖人」（在此其實是暴君）本身也不必再有「事務」（使雞司夜，令狸執鼠，皆用其能，上乃無事）。他只要「手執」此一配置，「由世界四方，個人都會向他貢獻其協助」：他只要「等待」此一配置展現，人人都會向他輸誠（聖人執要，四方來效。虛而待之，彼自以之）。

獨裁主義的理論家很容易便能顯示由其中可獲得的高度報酬：受惠於此一配置的自動性，權力的運作總是適當的（參照「他（君王）身邊左右既然如此建立了，只要他一開門，就是適應的」（左右既立，開門而當））；這個作用持續平穩，因爲它完全包含在機制中，所以不依賴別人或自己的意志；因此，它也是持續地可以一再使用：機制可以不斷行走，它的作用是「一致」且規則的。由此可以達到全體的經濟：君王不再需要介入，因而更加強大；而同樣地，「在下和在上相同」，在平民的層次和君王的層次一樣，「都是無爲」（上下無爲）。每個人都在適宜他的位子上，一切自動自發；一旦裝置之後，所有的齒輪便自動運作。

所謂權力的「空虛」，其意義如此（參照「素無爲也」或他以「虛空」、「等待」其他人爲他施展其活動（虛以待之））。**虛**在此意謂著君上**任由**手上的權力配置自行運作，不加以干涉，不加入任何屬於他個人的事物（因而是個**純粹的**配置）：他因而注意不展現甚至感受任何偏愛，因爲他的主體具有的偶然性，會傷害配置運作的完美性；他也克制不要讓他的智能有一展長才的機會，因爲它所帶來的作用只會使得配置的嚴謹清晰因它變得模糊，而這機制必須到處一致；而且這會推動別人和他競爭智巧，使得他落入到他們的層次，並使得權力下墮到競爭之中（進而阻礙了它的良好施展）。完美的獨裁者甚至會謹慎於任何的「指揮主義」，因爲指出一條要依循的道路，就是強加了一個暫時且偏狹的秩序，因而針對系統所終極設立的整體秩序而言，那也只

獨裁政權的「虛」

完美的獨裁者不再是指揮主義者

是部分的；甚且，對於應該自行運作的事物，也就是只依據其必要性而運作，這是使它受到意志的影響。最重要的一點是，爲了不擾亂這個內在性的秩序，獨裁主義的良好君王必須對美德的誘惑保持警戒：展示仁慈或慷慨會使得獎懲的規則性受到質疑。這是爲何他的角色被認爲是「虛空」的，而最好的君上「不被察覺」。獨裁主義的理論家重說了一次道家對聖人所說的話：人們只要知道「在上它存在」（太上下知有之）（《韓非子》，第三十八章，〈難三〉）。

然而在這個獨裁版本裡，又再一次地出賣了無爲的本意。道家如建議君王無爲，那是要使個性勃發，使得它能由規則和禁令中解脫（而這些規則禁令被認爲和文明一起發展），「法」家的獨裁行使了相反的角色：爲代表國家的一位獨夫奴役所有人。當道家要拉近社會秩序和自然純樸間的關係，法家卻以完全人爲的方式來組織權力（它獨立於君王的情感，只以強加規範和實施控制爲基礎）。然而，這個**人爲**的配置，有技巧地設立後，他們

而且他甚至不被察覺

權力的人為性，推到極致，重建了一個純因應性的政體，它因此是具自發性的

便期待其**自行**運作，並由此可完全接收道家的無爲，並由此再度接連上過程的自然性：君上的作爲只有任其作爲，服從會自然產生，而社會秩序是自發的。「法家」加入「道家」對智巧的批評及對美德的拒絕，因爲他們認爲這個自發性具有同樣的功效；然而他們處在上古的末期，對於文明的快速進展過度敏感，因此，他們不再相信可以回到《老子》（八十章）所主張的小國寡民社會，他們在意的是如何使其國君在各敵對國家之中獲得最大的力量，並以對他有利的方式統一中國，他們便發明了新的——獨裁——形式，並和內在性之德及其功效重新結合：由於他們把權力推到這樣的極致，使得它重新又變得隱微（它和機制的運作混融在一起）；並且給了它一種像是自然律一般的完美性，他們能強加這權力好像它是自動自發的。道家是在解放社會限制之中展現了內在之道；法家則以使得限制變得絕對而強迫回到內在之德。

變成了絕對，限制和內在之德重新結合並成為自然

翻轉是完整的，但（於是）邏輯是同樣的：我們從法家暴

政的極端模式中又再看到條件和結果間的關係，而這關係結構著中國有關效力的所有思考。如果沒有條件，依法家的思想家的觀察（《韓非子》，第二十八章，〈功名〉），那麼再多的努力，結果也是令人失望的：再怎麼英雄了得，「也無法使稻穗在冬季生長」（「雖十堯不能冬生一穗」）；相反地，當條件良好時，結果自己會依簡單的內在性流出——不必我們「努力作爲」、「用力勸說」、「急迫」及「推進」；同樣地，「如同水流船浮」；獨裁主義的國君「保持自然之道」，並且受到無限地服從。這便是一個所謂的「受啟蒙的」國君。他要作的只是任由效力自行發生（「若水之流，若船之浮，守自然之道，行無窮之令，故曰明主」）。

第七章　功效自成

1

將效果脫出一個純技術性的視野

有一個決定性的問題，甚至是最具決定性的，因爲成功與否取決於它，但我們了解到，其實我們很少提出這個問題：功效是如何可能的？也就是說，要在何種條件下，它才是可能的（面對我們所處的情境，我們這邊要作什麼）？或者毋寧說，這個問題在科學和技術的領域是被大量地提出，也就是說一旦我們可以建構一個穩定而明確的對象時；或者，在藝術和論述的領域裡，這是適宜的，也就是美學或修辭學的領域裡，有一個特定的效果作爲目標時（產生說服或美感）。然而相關於不確定的世界和動態的行爲，並且是在一個策略的視野裡，我們不知道如何將它以一般的方式提出來：我們並沒有寫出有關成功技藝的著作（《君王論》也不是一部這樣的著作），我們並未將狡智（*mètis*）理論化。因爲我們仍是在凝視行動，不論那是美德的或美妙的，道德的或史詩的對象。

然而，跟隨著中國古代的智慧，我們開始懷疑一個成效不只要以我們對它所見、所意識的、及因此對它所說的來加以衡量。因爲這引人注目的成效其實效力不大，它仍是淺層的，不能夠完全融入現實之中，並且，在自我肯定的同時，也會產生敵對的反應；由此產生的是無盡的對抗，而我們也在其中受阻。相反地，古代中國的智慧大師教導我們如何以計謀利用眞實——不是利用他人完成計謀，雖然這在我們這邊看來總是機巧的頂端（尤里西斯或狐狸），而是**利用情境完成計謀**，即利用它的發展邏輯：讓功效自己形成——因而不必花力氣或消耗——並且可以避免有關它的排拒，使得它可以被忍受。前者制約著後者，因爲要求是一整體，而且可以由《老子》中的三個主要面向一同被認知：功效不可被強迫而得、不要將它據爲己有、而且避免使其盈滿。

以思考其因合於道而可行的性質（參照道家的「道」的意義）

功效的體制是什麼？

對於功效，我們有可能說一些比我們一直所說的還要多的事物嗎？這是我們到處看到重複宣說、由古老時代遺留下來的謹愼，而這也是所有智慧的基床（所謂民間或「民族」智慧：前行於所有理論的根底）。我們是否要停留在這個不證自明的道理：必須避免過度：《老子》由水瓶的意象出發，在空的時候它是直立的，但盈滿了它便傾斜〔持而盈之，不如其已〕（九章）：我們可（以外力）「使它保持直立」，以將其「注滿」，但一放手，它又流空；因此在它裝滿前「最好停止」，如此，保持了平衡，它便不會流空。另一個意象：太尖銳的端點不能保存，因爲它必將折損。不可過度（傾注、削磨等）——這是個常見的格言（希臘的 *meden agan*〔無事過度〕；中國的**去泰**；參照《老子》，二十九章〔聖人去甚去奢去泰〕）。但即使是這個看來最平凡的點，也是我們可以相信是最具有普遍共識的想法上，我們也已看到間距出現了。因爲和我們智者所說的不同，和希臘悲劇的歌隊所唱的不同，在中國這邊，這個過度之所以被譴責，並不是因爲它超過了人的情境而進入到另一個領域（諸神的領域：*hubris*〔挑戰神的傲慢〕），如此地超過尺度；它之所以被譴責，不是因爲它挑釁了超越我們的力量，因而是在大膽地

老生常談：避免過度

但中國不認識此一挑戰神的傲慢（它沒有悲劇意識）

試驗宿命。如果這裡的確有越過界限，並不表示那構成了逾越（transgression），在此唯一受到考量的是情境內在的邏輯：單純是因爲過度盈滿便會溢出（或太過尖銳便會折損），效力過強反而會對效力不利。過多的效力把效力抵銷了。不必介入任何道德或宗教的背景（我們必須承認對此它總有點魔術性質），唯一的觀點便是效力的觀點：一旦它被推到極致，它便變得僵硬或強迫，效力超過了眞實所能容許的門檻，它不再能被整合，便失敗了。

描述效果的可能性

因此，具有根本重要性的是，生產出效力的人不可對它作出過度的裝塡，並且也不能在它的純粹有效性上加入任何個人的或情感的事物（三十章）：他「不敢」以將之取用來增加自己的價值，而是滿足於純粹的效果——不因此顯得「傲慢」，不以此產生「聲望」，不以它來「邀功」。「成果」本身即足夠〔善有果而已，不敢以取強。果而勿矜，果而勿伐，果而勿驕。〕：成果像是由情境自身產生，並且是由它的邏輯中流轉而出的：對所

效果與反—效果

有人來說它像是不可避免——好像我們不得不如此，而不是有意的結果（果而不得已）。因此不應有任何成果的展示，來提升其樣貌。因爲，不然的話，在其中任何力量的展現，都會使得這成果依賴於情境的正反向變化，因爲任何對力量的依賴皆是如此；更進一步，成果還會臣服於不可避免的力量消耗。力量的增強，實際上就總體而言，會削弱效果。它以感染的方式使它變弱，因爲力量只是脆弱的反面，並且會因補償而激發它：成果如傾向於力量，便會陷入這個張力之中：強-弱，它隨時會倒向其中一方；它也使得它變得更不持久：任何力量的展現只能是暫時的，如果把自己的命運和力量相連，任何效果都會提早耗盡，並使自己必然是稍縱即逝的（果而勿強，物壯則老。是謂不道，不道早已）。

把效果和力量相連會使它變得脆弱

甚至，只是強調效果者，也已經對它產生外加效力，使得它暫停，將之抑制。「突顯」和「隆起」，《老子》說道（二十四章）。「以腳尖站立者並不穩定，跨步者不能行走。」（企者不

界定一個效果的經濟

立、跨者不行。〕當作得過度了，連俗語都有如此見解，不只徒然消耗，甚至使得產生成效的可能性都受損。過猶不及，因爲過度便成爲無用的重量，它不只以反轉或耗盡的風險威脅成果，也會阻礙本來會自成的事物——甚至這樣說吧：這事物本來是只要求來臨；我們阻止了效力只是單純地**作爲結果**。成本是雙重的：一方面，剩餘由內部削弱了效果，因爲它產生的阻礙，另一方面，由外部，它使它受人「厭惡」。因爲不但不是使它〔不受注意地〕通過，這過度會使它受到注目，它產生了不甘願，使得抵抗能夠聚焦，它引發了拒絕〔餘食贅行，物或惡之，故有道者不處〕。

效果的過剩阻礙了效果的可能性

《老子》把要求推得更遠：「當功效產生時，不可固置其上。」〔功成而弗居〕（二章）。聖人／戰略家不尋求把它當作自己的功勞，不使它作爲自己的成就。因爲，一旦人們把功效放在自己身上，人們便進入一個占有的邏輯而這只能使他受罰，因所有我們「占有」的，必然有一天要「離開」，而這個占有會反映到功效上，使得它受到質疑；「占有功效」（七十七章，參照《鬼谷子》，〈摩篇〉第八）意謂著將它像一個地位一樣占據，我們同時會阻擋別人，功效本身陷入這個對立之中，它的延續期程於是變得不確定。但功成而不處（成而不抱），便足以使得「它不再離開我們」：與其因將之歸於自身而使得它變得不恆久，我們使它隸屬於使它成立的世界——使它回歸於內在。另一個提法將這個策略性的含蓄隱微說得更好：「功效達成但自身隱退」（功遂身退）（九章）。因爲它同時說出兩件事情：功效是以結果的方式「達成」，它是屬於因果的一方——而不屬於計畫的一方；另外，與其將自己當作是功效的作者，並因而得到榮顯，我們將此地位轉讓給產生此功效的因素，並使它們可以完全發揮。

將效果與自身相連使得它變得不恆久

又再一次，我們遠離了英雄主義：效果不應被僵化或強迫，我們不應使其受人注目，我們注意不要居功或由此獲得榮耀，所有這些目標便是要使效果由事物的演變中流出，並且被吸

反英雄主義

收於其中。被眞實含蓄地吸收，它便能成爲現實。對效果明顯地（決斷地、積極地）加強進行拒絕，必須要以功效的作用爲何來理解：一個功效如果不是受到承載而展布的話，它便不是功效，（因爲）這時它才會發揮作用，並**成爲**眞實有效。然而，這便要求它不要被充滿，不只不可超過功效的限度，或甚至把它帶到極限亦不可。「五色令人目盲」，《老子》說（十二節），「五音令人耳聾，五味令人口爽」。如果人們可能在這些句子中讀到對「減少慾望」的召喚（河上公），我們也可在其中推衍出對於感官震撼的拒絕（參照「腹」與「目」間的對立，它們是不同的能力集合），而一個感覺，如果它沒那麼強烈，效果是比較強的：當它達到最強，當它橫向展開，效力就不再作用了。或者說，效力作用並不是在它飽滿時，而是**在它正在形成時**。當感覺達到頂鋒時，感官都被塡滿了，反而感覺不到效果，因而失了功效；如果它一下子便全被給出，也是無法被感受到。相反地，正是因爲有一個轉化的空間，使我們可以由一個階段轉換到另一個階段並

不要使效果被充滿

效果只有正在形成時才是有作用的——那時它仍處於流變之中，因此尚未實現

且持續以超越缺乏向前演進，功效才能戰勝非功效，而其效力才能發揮。這是逐漸沈澱或是逐步到臨的模式（十五章）：就像「激濁」的水，「靜止之後，變得逐漸清澈起來」（濁以靜之徐清）；或相反地，原先是「休息的」，「經過長時間的搖動」，「慢慢地回到生命」（安以久動之徐生）。如此，「保存此道者」，「並不要求飽滿」（保此道者不欲盈）。盈滿者沒有未來，因爲它註定要「滿溢」，而未盈滿者卻是朝向其盈滿，因而可以「自我更新」（夫唯不盈，故能蔽不新成）。

為何效果必須表面上看來不足才能作用？

這是爲何最終眞正的功效**看起來像是有所不足**。「大器避免成就」（這比「晚上成就」好），老子如此說（大器晚成）（四十一章）。就像現代繪畫以提升草圖的地位所教導我們的，**表面上看來不足的**可使作用持續存在及發揮：未完成使其功效持續作用。或者，「聲音細微但聲音效果卻很大」：和「五音」的作用相反，五音是一起作用並把感覺帶到最頂鋒，這使得耳朵變聾，阻止它感受到任何效果，而細微的聲音可使它的和諧效果傳遞得更加良好因爲它自我克制——它有所保留，保持後撤。換句話說，眞正的功效要發揮出來便會看來和達成效果相反，總是未達成其結果，而這正是使得結果不斷地來臨。「大成就看來像是不足，但它的用處不會耗盡」，「大飽滿看來就像是虛空，但其用處不會窮盡」（大成若缺，其用不弊。大盈若沖，其用不窮）（以及「大直若屈」、「大巧若拙」、「大辯若訥」等）。我們注意到這是「有如」、「看來像是」：這不意謂著功效眞的缺乏，但是它有理由可以看來是如此，使得它總是受召喚前來——有操作的必要——但又不會完全實現。因爲不然的話，它會變成不可逆轉地鋪開，把所有的地平都塞滿了，它會把所有的期待和召喚都阻塞住，自己的功用也因而無法進行。換句話說，眞正的功效看來總是以虛體來呈現，就像《老子》中最受喜愛的意象之一所引發的：山谷（參照：「廣德若不足」是和「上德若谷」相平行，四十一章）。透過山谷的空虛，也受惠於這個一直要被塡滿的虛空，「神」通過且「永遠不死」。功效也一樣：不應以飽

虛的效果：**山谷**

虛才能使最飽滿的功效得到發揮

滿方式強加上來，然而受惠於它所包含的空虛，它可以發揮最飽滿的功效。

2

這是因爲我們有兩種理解虛空的方式。它或者是一種存在上的虛空，進入一個形上學視野，即存有及非存有：這便是佛家的空（梵sunya；中文譯爲「空」）；或者將之理解爲具作用性的虛空，即《老子》的「無」，它相對於飽滿而作用，而飽滿也因爲它而能達成最大功效。這兩者在根柢上是不同的，即使人們有可能將之混淆或是彼此後來相互感染（我們知道，至少有一部分，是因爲這個誤認而使得來自印度，即來自印歐系統，形上學之地的佛家進入了中國：這也是可以理解的：我們在吸收內化一個外部思想時只能由對它誤解開始）。《老子》的虛空是和飽滿相對立，但相關聯地作用，它是一個環境，使飽滿可在其中回歸

兩種**虛空**的構想方式：由存有角度或由功能角度

虛與實

在形上學之外：作為底蘊的底部

它的鬆脫使得飽滿不會沉陷

於無分別之中；但飽滿也是由它而來並成爲有功效的。因此，它並不是「非存有」，而是事物潛在的底蘊，就像我們談及畫面的圖底或是沉默作爲一個背景：聲音由此基底中產生，並能使它迴響，線條也是由其中湧現，而且因爲它才能震動（要脫離我們的祖傳舊習，除了使用這些類比，我實際上看不到其他的資源）。我們可以繼續談毛筆的經驗：這樣的虛空和完全虛無的空是很不同的，它比較像和筆劃中的緊實相對立的「鬆脫」（délié），在其中具體只留下微細和含蓄之跡，並使得飽滿的力量及厚重可以被突顯：無限微妙的鬆脫，精神因此可以脫離形和物的重量，不斷地透過它流轉，並給予它們靈動。如果它不再穿越眞實，那麼眞實便會不可回復地變得笨重、衰竭、僵化；如果沒有虛空的注入流轉，眞實將會完全物化。

《老子》爲它提供了一些意象（十一章）。車輪所有的輻輳集中於輪軸，而「在無有之處」，是其在虛空的部分（輪軸穿入的中央部分），「車的功用才存在」（使得車輪可以轉動而車子可以前進）（三十幅共一轂，當其無，有車之用）；同樣地，我們捏塑黏土來造瓶壺，但「瓶壺的作用」，是「在無有之處」：受惠於此一內在之虛空，瓶壺可以容納，它成爲一個可以運用的物體（埏埴以爲器，當其無，有器之用）；或者再一次，也是要在牆面上打開門和窗，光線才能進入房間，而我們可以居住其中（鑿戶牖以爲室，當其無，有室之用）。在飽滿被挖開之處，不論是木頭、粘土或牆面，都是透過虛空的產生，功能才能運作，而這也是功效的來源。《老子》用以下的提法來說明，它可被理解爲：在實現的階段被當作「利益」的，在其無分別層次乃是像「作用」一般在運作（有之以爲利，無之以爲用）（十一章）。

一個非存有論的邏輯——要熟悉它（不然其主張會顯得抽象）

虛—實，用—利

實際上，受惠於飽滿者的實現，虛空的無限定作用可以離開其未受決定而成爲彰顯並有利於特定事物；但也是受惠於作爲事物潛在底蘊的無分別虛空，每一個特定的實現才不會被限定在其特殊性中，而可在其根柢處和其他事物相連通，並且，經此關聯，發現它自己的潛能。這是因爲，當效力實現時總是特定的；而能使得它回到非決定狀態，「虛空」是其條件——它是其類屬的條件也有能力使其生成——也就是使其得以存在。

要了解功效的可能性，我們必須探索虛空爲它提供的能力，同時有互通和施展這兩者。這兩個功能彼此相聯，但我們用「負向的方式」來形容它們會更好：如果沒有虛空的無分別作用，作爲一個共同的基底（**無**的意念），一個個體化將不能和其他個體化相逢，並和它們互動（受惠於具作用力的「間」），並使得它的功效彰顯；如果沒有虛空的空作爲一個環境，其效力也無法擴散及展開。《老子》的注釋者用一個意念來總結虛空的效用（**通**，王弼注，參照十四、四十、四十一章）：虛空即是允許效力通過者。「在沒有任何實現之處，是沒有任何地方我們不能通達，沒有任何地方我們不能前往。」（無狀無象無聲無響，故能無所不通，無所不往。）相反地，使得虛空不能作用的狀況是，當飽滿不再爲虛空所穿入，於是成爲不通透狀況，製造了障礙：它形成屏障，促使眞實僵固，而人們牢陷其中；不再有任何

虛空允許效力通過

相對地，飽滿變得不通透時就造成了障礙

流動循環的可能，在此陷入了泥淖。沒有一點神祕主義（因爲沒有形上學的爭議要點），《老子》中所主張的回歸虛空乃是對於消融障礙的呼籲，而任何眞實都可能陷入其中，只要它不再有縫隙，整個都完全盈滿。因爲，如果一切都裝滿了，便沒有任何操作空間；如果虛空被摧毀了，那麼便會同時摧毀使得功效可以自由運作的空間。眞實如果變得不通透及僵化，不再爲任何虛空所居住，眞實便會受到抑制；而這個警告在政治層面也有其價值（並且是首要的）：過度飽滿而產生阻礙，我們已見過了，便是規定和禁令，它們一旦增生，結果便會阻擾社會，而且使人不能自由地演變。並且，也要創造虛空，將它們**排出**，還給眞實發展的能力。因爲當沒有任何事物是受典律管理的（所有的典律化是一種飽滿的物化），那麼也就不會有任何事物會阻礙採取行動，但這些行動是自動自發的（*sponte sua*）：因而只要掃空禁令和規範，放任自由——任其通達，這時作爲便不是有意爲人操控而爲。

規定過度飽合會造成自發動力的障礙

這個虛空並非精神主義的，它也不是物質主義的，它既不指涉身體的物理學也不指涉靈魂的形上學，它的邏輯是功能性的：是它使得飽滿可以保持流動且呼吸的（它保持通風）——它使它保持發展並且生動（而這距離是有根本重要性的：這不再是以像是一個實體的**靈魂**爲視野，而是以像是一個過程的**靈動**爲視野）。中國繪畫提供了很具說明性的例子，因爲它使我們敏感於虛實間的互動——甚至它每次所畫的皆是這互動：在卷幅上的虛白，使得密實的筆劃可以互通迴響，它是可以產生它們的聯繫的留白空間；同時它以將這個筆劃開向無限——在無限之上——的方式，使得它們可以施展其效果。其實，只要稍微抹去此一筆劃痕跡，使它變得較爲飄逸，便能使事物無底的底蘊輕展其中；透過它最細微的空間，便可加入最遙遠的地平線。這個地平線也散布在卷軸各處，所有的筆痕都爲界外之域所穿入，「天」不只在一處，而是處於各處（或毋寧說，它不在：但到處作用）。爲虛空所駐，此一筆痕成爲一缺位者暫時的印跡，不再廣延其飽滿的

虛使得真實可以維持流動並因而具有功效——「靈動」（與沉陷相反）

透過「美學」來脫離我們的存有論視野

筆痕成為蹤跡

形象，它捕捉了隱形的流動——屬於不可見者的（**神**）——筆痕（tracé）便成爲蹤跡（trace）。因爲虛空的確是由此汲取其功效：飽滿總是有限的，我們已看到它的極盡，虛空卻是取之不竭的。它的底蘊沒有底部。《老子》的文字明白地說出這一點（四章）：「道是虛空的，但取用它卻不會竭盡它。」〔道沖而用之或不盈〕（或更好的解說是：「我們不需要再將它注滿」；參照三十五章〔用之不足既〕）。同時：「若我們使用它，也不必花費勞力」〔用之不勤〕（六章）：虛空不反對任何事物，不和任何事物對立，它不會引起對立，也因此它不會消耗。在《老子》中所有表達虛空的形象，都不斷地**任其流通：山谷**，我們已知道無形的功效不斷地穿越它，也因此，它「不死」（六章）；**門**，包括萬物母親〔元牝〕之門，透過它不斷滋生〔綿綿若存〕（一章、六章）；最後，**氣息**，「它是空虛但不會屈曲」〔虛而不屈〕，而當「我們使它活動」，「我們總是使得更多得以出現」〔動而愈出〕（指更多的功用，五章）。然而，《老子》一書問

結論（但仍要回顧）：虛空為效果無可竭盡的**底蘊**

道，存於「天地之間」，虛空所從出的這個虛空，其本身不也就「像一個巨大的氣息」（天地之間，其猶橐籥乎）？

3

虛與實在功效內的互動具有範例性質。它顯示出在眞實內部，相互對立的面向其實是相互依賴的，而眞實受惠於此不斷運作並能無窮地來臨。如同虛和實，所有的相反事物「皆相互生成」，《老子》如此說道（二章）：我們看到某一面向在實的一面，但同時在虛的一面，另一個面向正在運作。「所有人都知道美是美時，那醜已形成」（天下皆知美之爲美，斯惡已），「所有人都知道善是善時，那不善已形成。」（天下皆知善之爲善，斯不善已）相反的事物並不互相排除，而是互相制約，而聖賢便由其中抽取出他的策略。這是因爲，與其停留在事物相對立的面向上，像是意識所感知的，並且把它們互相孤立，聖賢知道如何

為何相反者不互相排除的邏輯能對功效思想具有蘊育力？

以相互依賴和可逆轉性為基礎而產生的戰略意識

由其中辨識出他們的相互依賴，進而加以利用。他要開發的是這相互依賴，並且不花什麼力氣：它自身就足以推動眞實，他滿足於讓它發揮效用，他不需要作爲而是任其承載。由這裡回到勢，因爲最後也就是由它產生事物的決定（五十一章）：道「生產」、「德培養」（依內在性）、「物質使其具體化」，但是「勢」才使得事物能「有所成」〔道生之，德畜之，物形之，勢成之〕；是它逐步地引導現實的變化過程。而《老子》的注釋者（王弼，九章）也是以勢來理解過度飽滿會溢出，過度尖銳會斷裂。他有個說法特別值得我們注意，因爲它把策略說得很清楚：策略家擅長的是「構想情勢」，使得「他不必再作爲」〔謀之無功之勢〕〔於是他便是〔無功勞的〕，六十四章〕。他很早便清楚相互依賴是如何作用，但利用其中散發出來的傾向，因而不必「辛勤」。

掌握傾向自有的內在性

這裡可以看到作用如何進行，或是如何任其進行，因此不必作爲便能成功。如果你要將自己放在最前面以便達成，《老子》（七章）說道，那便是同時消耗及具有風險的；你不可避免地會產生敵對，因而必須對抗他者並且執著定地進行。相對地，如果你謙虛地將自己放在後方，有可能情勢會（自動地）將你推往前，你所選擇的後撤本身自己往翻轉的方向演變：與其是自己向前推進，不如**使得**其他人被引導到爲你如此作。而一旦是其他人在後面推你，他們便不會質疑你的前進；而這前進和情境所召喚的相合，它自然地融入其中。實際上，由於你的後撤，你已經消除了懷疑和預防，其他人不會對你有嫉妒之情，他們將會爲你的後撤所吸引，並會自己來找你：與其要以飽滿來強加個人意志，並尋求其充滿（因作爲的力量），我們處在虛的一面受惠於功效能聚集張力，而使得前進可以產生（**而**（「因而」）又是一個虛詞，但它說明的是我們依其達成的隱形的變化）。最後的將會是最先的，但這不是透過獎償（在最後審判時，由超越性處理），而是現在即進行，並透過內在性（由情境流轉而出者）。更進一步，這後撤的選擇並不意謂著任何棄絕：如果我們偏愛身

例子：與其尋求自己向前推進，不如任由他人推動

處於後，文中明白說，乃是因爲要更能「成就自己的利益」（同樣地，如果有人把自我當「外物」對待，乃是爲要使它更能存在）。〔聖人後其身而身先，外其身而身存。非以其無私邪，故能成其私〕純粹是功效的問題。

接著是要更精確地理解這個自我降低（透過他人達成自己的前進），如何融入到最一般的邏輯中，意即相反的會相互吸引，一個面向會制約另一個。「不敢爲天下先」，在之後才「能指導他人」〔故能成器長〕，我們被如此告知（六十七章），就好像先能節儉才能廣納〔儉故能廣〕（先要能慈悲才能有勇氣攻擊〔慈故能勇〕）。如果一個面向可以如此翻轉成爲另一個，那是因爲它其實是自我翻轉，形成另一者的儲備，而另一者可在其中汲取其可能性：一個面向準備另一者，在虛處準備，以便再出現時成爲實。我們會有堅絕攻擊的能力，其條件是要具有相反的慈悲；我們有自由的資源，條件是要能相反地儉省。如果我們想要一下子便成爲自由、堅決或爲人之先，「我們必死」，《老子》

以相逆的那一面作為基底使此面可以達致

如此說（舍慈且勇，舍儉且廣，舍後且先，死矣）。因為此一自由、堅決或向前很快地便會耗盡，它們並沒有一個可以由此而成的**底蘊**。

另外也不要想「召喚」功效，而是要讓它自己完成；不要自己去「找」成效，而是要自處於能收割它的位置。成效便是我們所收割者。這是為何最有利的位置在下方，在那裡德性不再被需求，可以有其「經常性」，「不會離我們而去」（為天下谿，常德不離）（二十八章）。作為這足以使功效向自己聚集的能力的意象，便是海洋容納百川（譬道之在天下，猶川谷之於江海）（三十二、六十六章）。「河流及海洋之所以能為所有的水流的王者，是因為它們有能力自處於它們之下」（江海之所以能為百谷王者，以其善下之）：海洋讓河流流向它，以便在下方來主宰它們。同樣地聖賢主宰人民是將自己「以其語言自處於其下方」（侯王自謂「孤寡」；三十九章）；同樣地當他處於人民之上時，人民不會覺得他是「沉重」的負擔，他們「樂於將

不要去找成效而是要收割它

海洋：處於下而成為主宰

他推向前」，而且不會厭倦〔聖人處上而民不重……天下樂推而不厭〕（六十六章）。而聖人反過來可以不花力氣地使用別人的能量〔是謂用人之力〕（六十八章）。這個謙遜（以其本意：選擇自處下方）既不是道德的，也不是心理的，它純粹是策略的（六十一章）。《老子》也在外交層次加以發展：強施其霸權，一定會引起質疑，與其如此，一個大國不如自處於「下游」，以使其他小國「流」向它：它的「影響力」便來自於此〔大國以下小國，則取小國〕。

由反向的方式來說話便成爲《老子》最喜歡的提法：「把自己的價值突顯者不會被看到〔自見者不明〕」（或「自我贊同者不會被承認〔自是者不彰〕」，「自我誇讚者不會有功蹟〔自伐者無功〕」，「自我榮耀者不能長久〔自矜者不長〕」，二十四章）。換句話說，認爲自己可以直接獲取他所要者反而會阻礙其達到。而這不是因爲他缺耐心所致（想要過快地達到目標），而是因爲他根本地誤解了現實實現的方式：**有效地**實現的事物只能

我們不能直接獲得效果

必須有一個過程

是屬於功效的一類，而這總是透過一個過程（轉化情境），而不是透過一個（直接）引導行動的目標，而功效在此是作爲過程的後果；如果我們認爲可以用強迫的，猛力的方式獲得它，那就是誤解了它的性質，這樣就不是順從**道**，使功效逐漸地含帶在情境中，自己形成。同樣地，「不把自己的價值突顯，所以會被看到（不自見，故明）」（或「不自我贊同所以被承認（不自是，故彰）」，等等，二十二章）在道德的層面上也可加以檢驗：宣稱自己偉大者，只能是一種虛僞的偉大，他的偉大正是一種倨傲的偉大，他仍是不可救藥地渺小；相反地因爲「聖人始終不尋求成爲偉大（聖人終不爲大）」，所以「他才能使其偉大形成（故能成其大）」（六十三章），這才是眞正的偉大。

回到這個基本的想法：知道如何含帶功效

所有的策略因而總結於知道如何**含帶**（impliquer）功效：知道如何在上游就使得情境可以進入過程，如此所欲求的功效便會「自然地」發展出來。把這個邏輯推到極致，我們會得到下面的結論：策略家便是知道如何在（作爲條件的）情境之中形成缺乏，使得補償性的功效會往對他有利的方向，更加有力的形成。《老子》喜愛這些提法：「褶曲（或部分）的結果是我們回復爲整全（曲則全）」，「彎曲的結果是我們回復爲正直（枉則正）」，「虛空的結果是我們回復爲盈滿（窪則盈）」（二十二章）。將自己放在一個極端，我們便使得勢態更有動能前往某個朝向，即將我們帶向另一個極端：同樣地，選擇將自己放在負面的極端，我們便會像是不由自主地被帶向反向的充盈，而這是透過眞實的調節張力。了解這一點，便了解《老子》所謂的「微妙的智能」（微明），而這也可以反向使用，用來對抗其敵人：「將欲翕之，必固張之」（作爲起始的情境，而功效便會以「內在固有」的方式發展而出）；同樣地，「將欲弱之，必固強之；將欲廢之，必固興之；將欲奪之，必固與之。」（三十六章）王弼的注解不加猶疑地由其中得出政治上的推論：如果想要去除一位暴君，那就讓他繼續發展其自身特性（因物之性），陷入暴政的極端，這樣更能促發其政權喪失，這是來自於他自己，效果

任由自己受補償的邏輯所承載

比我們主動展開其刑罰更佳（令其自戮，不假刑爲大）。後世牢記了這個教訓：中國的解放將等待眞實的自我調節，而不是革命……而的確，革命是行動的極端狀態，就像它一樣瞄準了目標，完全依賴模型，並且希望以史詩的方式實現①。

（任勢）調節或革命
（參照：行動）

如果我們沒有足夠的先備知識，閱讀《老子》最後一章可能將它當作福音書話語：「既然，是爲了他人而自己擁有更多（既以爲人己愈有）」，「既然，是給了他人而自己擁有更多（既以與人己愈多）」（八十一章）。但注釋者對此沒有留下任何猶

慷慨或謙遜都會自己帶來結果（因為它們含帶必然的補償）

①二十世紀初中國的革命，的確是一個借用而來的意念，和傳統的「（天）命」，「興革」有所斷裂，但爲了方便，仍借用了舊的字詞來翻譯révolution。至少，它借用了模型，尤其是模型的意念：以一個革命的理論作基礎（向一個社會與政治狀態被判斷爲最接近的，並且也成功實現了革命的國家——一九一七年的俄羅斯——拷貝其馬列主義），我們可以透過實踐，改造現實。——今天人們還相信它嗎？

不由超越補償

或以虛偽之像運作

疑：如果我們有更多優勢，那是因爲「他人尊敬我們」（物所尊也）；如果我們擁有更多，那是因爲「他人向我們歸順」（物所歸也）。這樣的態度不會等待另一個世界的補償，它的獲得是立即的和暫時的。同時這樣的態度也是很眞實的，一點也不虛假，不會只是假裝，就像是馬基維利的君王可能會作的：世界並不會被分裂爲表象和眞相（以便更能使其作爲的殘酷生效，或是以欺人外表來使他人落入陷阱）；因爲這個態度之所以被持有，乃是來自對功效性的反應，而世界也因而可以被獲得。這並不阻礙這種「慷慨」或這種「謙卑」，在道德上仍是可疑的；而在中國，儒家的文人對於《老子》此點感到恐懼：以智慧爲屏障，《老子》揭露了最扭曲的策略，爲有特定利益的目的服務（參照十二世紀劉因著，《靜修先生文集》）。其出發點爲對立者相互依賴的原則，這原則使得眞實的每個面向都以兩極的方式構成，並且考量由此而來的態勢是雙方會「相互尋找」並且相互牽引（每一端都應反轉爲另一端，不然便會冒耗盡乾萎的風險），我們可以有意地利用眞實此一補償的邏輯，並使情境向我們希望的方向反應：只要先朝向達成的「反方向前進」（我們有看到，人們向後撤以便被擁戴向前，先自處於下方以便上升，等等）；這時，「尚未進入」，我們已經「圖謀其出」（方始而逆其終，未入而圖其出），當其他人完全無法「看到其痕跡」，我們爲自己獲得所有的利益……。根柢而言，要使我們最具個人利害關係的目標可以像是功效一樣地發展而成，不要以意志來欲求它，進而勉強事物，而是要將它們銘刻在事物發展的軌跡之中：如此，任由其內在性發揮，功效便成爲其現象。

反向的策略——這是最扭曲的嗎？

第八章　由效力到功效作用

1

鬆動的起始：效果／功效

效果是被瞄準的，功效則由過程中流出

因此要思考的不是意志的心理學——中國也沒有發展出這個意念——而是效果（effet）的現象學。或者，我們應該談論和描寫的是**功效**（*effect*）。因爲效果同時具太簡單的因果性，和太純粹的解釋性，以至於無法理解作用中的功效性；它的概念同時太僵硬又太狹窄：太和使它形成的整體過程切割開來，而且太耀眼及具證明性（以至於可能顯得人爲，像是所謂在尋求效果的時候，比如在音樂或詩之中，或當我們說「效果顯著」時，這效果同時太具劇場性和太技術性）。**功效**和它不同，更接近其語言底蘊（*efficere*意爲「使如此」），它是效果的操作性向度，是使其到臨並使其實際形成者：它是正在作用中的效力，有蘊育力的效能，因它由已進行的程序中流出（而且不斷流出），不屬於生產的邏輯，而是屬於到臨的邏輯。因此，效果是功效充實和飽滿的面向，但如此它已過度施作；功效相對地，乃是成爲虛空所駐在的效果，它受承載，將會展布，它是正在施爲狀態的效能，因此不會完全顯現，有點像是匱乏卻永不耗盡。

然而，中國思想不停探索的，便是此一功效之德。它不預設存有和表象對立，或存有與流變對立，它不質問眞實由何處而來（及爲何；它也沒有發展出神話）；它問題比較是眞實**如何**到臨：它如何「作用」（**用**的意念）及成爲「可行」（受到規律變化的調節：**道**）。這是因爲，現實不斷地受感應（**感**），便不斷地成爲實際的效用：雖然它不停地展布，但正因爲它是融通和受規律變化調節的，現實便不斷地到臨且不會耗損用盡。

功效／感應

我們可以說，這是一個**過程性**（processivité）思維，不過這也是在拉扯字眼（但如果我們要使它向差異開放，不如此又該怎麼辦呢？）——這意念有待打造。所有的眞實只是過程，因而，就行爲的層面而言，只有作爲過程的對象，才會形成眞實，也就是說，這是過程的到達終點。和效果不同的是（這是以行動瞄準一目標並置身於手段—目的的關係中），功效不必「尋

作為中心意念的**過程性**

求」，不需要直接、有意地朝向它去；它是要由已進行的過程中「自然地」流出。相對地，所有的策略便在於知曉如何在過程的上游便加以含帶，而成效是繼之受召喚自行「到臨」。因爲它是屬於結果的一端，它意謂著若要完成，必須要透過一個過程，而這便是它的條件，這樣的功效性和所針對目標間的關係是間接的。它屬於成果的一方，默默地轉化，受引導逐步成熟，而不是屬於想以強力奪取方式得到它的英雄式手式這一方。因爲孟子也是認爲，我們不能希望「圍攻」眞實，或是想「出奇不意地」得到它（襲而取之），（《公孫丑上》，二）總是需要一發展過程（而這便是功效展布的條件）；不可「直接」揠苗助長（《孟子》，同上），而是要給它時間成長。

功效不是要像目標那樣去尋找，而是以結果的地位產生

不過我們可能會以爲這是一個弔詭：「高級的德性（高級的能力）並不是美德的，這是爲何它擁有美德（或能力）；低下的德性（或能力）不喪失美德，這是爲何它沒有美德（或能力）（上德不德，是以有德；下德不失德，是以無德）。」（《老

子》，三十八章）但在矛盾之下，自明的事物更良好地再度浮現：就是因爲我們不以此名義去追求它（**我要**成爲有德的），而是它**自發地**流出，就像是來自源泉一樣，那美德（或能力）才會大量湧現，不會耗盡——而我們一直能使用它；相反地，那不停希望能達到美德，把它當作是一個目標，並「牽掛」其上者，那不惜代價想有美德者，「每次」都「刻意」作爲——因此不會使美德從目光中消失，從不會脫離其計畫者，就永不會找到足夠豐盛的美德或能力。在這簡短的提法中，會使它成爲一項弔詭的，乃是它默默地意謂著，只有在上游作爲條件過程才能達致完全的效果（即作爲功效），而且這上游之位更能把功效含納在其中：而那宣稱可以省略過程，不停地瞄準目標的，總是在實際效力上有所不足。因爲這**對準目標**便使效力受損——使它癱瘓：只要「以有針對某一事物來作爲」，當這作爲是協同的，它必然是「偏狹的」（有焉，則不足以免其生）（王弼），因爲它一定會在一開始便偏愛其作爲的**目標**的；那麼，刻意而爲，其成效必然

當矛盾的用處是展現自明之事時

尋求效果的的企圖殺害了效果——使它枯乾、被出賣

格局狹小：因爲它在一開始便爲其動機所限定，並且不能超越我們暫時對情境的想法。反之，如能受情境所載，依其演變，便能不斷地自我更新。

呈現這一點的是在「仁」和「義」這兩個美德之間的細膩區隔（三十八章後段）由兩者皆是有爲來看，皆是下德，但其中一個仍高過另一個，仁高於義，因爲，當我們是因爲仁而有爲時，我們的「有爲」是「沒有針對目標」的作爲（上仁爲之而無以爲也），甚至不是因爲以有爲爲目標，而是因爲突然受到慈悲所動，因此比較是反應而不是作爲，這是一個油然而生的情感，我們沒有預見或選擇，它擁有一個原則上的廣覆性（這是針對所有的人，而只是單純因爲他是人，我們便生憐憫）：仁愛的美德「擁抱」全體人類，慷慨地將它「包覆」（宏普博施仁愛之者，而愛之無所偏私）；相對地，當對他人之愛不是如此宏廣，這時我們是以「義」作而爲，只是爲了成爲公正者，這樣的作爲是特定化的，依個案而適應及裁量（助彼攻此物事而有以心爲矣），

兩種程度的作為：沒有針對目標的作為是慷慨的、豐饒的；適應性的作為是受限的

它的德性便在點散中削弱了；它最終只能變成再一下等級的禮儀。我們因而可以說，義是點散地進行（助彼攻此地進行），只能侷限於效果，而仁卻能有功效（根植於其情感的能力），因爲在這情形下揭露了一個效力的底蘊，它一般狀況下是潛在的，但一旦效能被激發時，卻不會加以耗盡，進而能發揮完全的效能（參照，《周易》，〈繫辭〉，上卷七之五〔顯諸仁，藏諸用〕）。相反地，效果中的意圖性，使得效果被維持在表面上，被生產、推高，因爲它是用力的而變得突顯（**以**字中的意圖性，參照，《老子》，二十章及《孟子》，〈盡心下〉，三十三）這會反應在它們各自的現象性上頭：上德不以效果爲目標，不爲人所察（由此，就像章首所說的，「上德不德」）：並且因爲和功效性相融，它不能被命名（不然就有「偏失」）及辨識（王弼；參照，我們不會想要讚美偉大的將軍）；相對地，下德明顯以效果爲對象，並且爲了達到它，每次都要提高自身，下德因而有名稱，而在它身上我們會看到效果的閃耀，因而可能把它當作眞正

第一項是慷慨的因為它由效果所從出的底蘊出發

道德經驗在此可以照明真實（由一個形上學的視野過渡到一個現實的「過程性」視野）

後果：上德不以效果為目標，不能被感知到

的能力。或者把它加以掌握……然而，這也是當然地，它也給排拒它的立場一個可把握之處——它是抵抗的對象（這也使得我們看得見它），它同時被要求也被質疑。

因此，需要發展的現象學不是可見的效果，而是其不可見的上游。因爲不是身處於效果的層次本身使我們可以得到最飽滿的效果：所以就仁的「厚度」或其「密度」而言，並不是直接動用此一仁愛便能達到〔仁德之厚，非用仁之所能也〕（王弼，三十八章）；同樣地，並不是努力施行正義，便能達致符合正義的持續義行，也不是細細地執行禮儀便能達到純然的尊禮（同樣地不是用尺規來使正直能風行，因爲偏差也就同時出現了，參考五十七章；或者不能用純粹達到純粹，盈滿達到盈滿〔清不能爲清，盈不能爲盈〕；三十九章）。當我們窮極效果之能力，使用它時用盡它的可能，那我們不可能眞正充滿這效果〔沖而用之，用乃不能窮滿以造實，實來則溢，故沖而用之，又復不盈，其爲無窮亦已極矣。〕（王弼，四章）：如果我執著於「一家的能力」，便不能『使我的家完全』（執一家之量者，不能全家）；如果，再上一層，我執著於「一國的能力」，便不能「使一個王國完全來臨」（執一國之量者，不能成國）。我們以爲足夠的層次並不足夠：要使效力**完全**發揮（即作爲功效，位處於一飽滿的或充滿的效果的對立面：我們已知道，完全的效力乃是飽滿的效果的相反），就必須要有可用的多餘的效能；或者，使得效能眞正能**有效地**作用，正是這含蓄的「底蘊」——它和清楚可見的效果處於不同的另一端——而任何運用都不能使它耗盡。

盈滿的效果／全整的效果（為虛空所停駐，由底蘊出發展布，作為**功效**）

由於功效的效力，其擁有有餘的效力並由其中取得資訊，總是來自上游，來自上一層，那麼就要在底部介入——在源頭——即導向它的過程；不然它很快便會乾涸。「回歸」這個過程的出發點，這便是「道」特有的回返的「動態」（反者道之動）（四十章），而《老子》整部書都在這個退反的邏輯之中（參照「樸」及「嬰兒」的主題，二十八章）：這不是爲了和前進相對立，而是相反地，要使在下游的前進維持完整的前進可能性。這

上溯至效能的內在底蘊

個效能的資源或是**底蘊**，就像我們說某人有「底蘊」（原文亦作資金解——譯者），乃是效能的內在底蘊。中國傳統的意象，是根莖為其比喻，它們自然地展布其枝葉，就像特定的效果（參照，王弼，五十七章）；或者，它是「效果之母」，而諸效果為其「子」（五十二章；參照王弼注，三十二章，三十八章（功不可取，常處其母））：如果把自己處在「功之母」的層次，便不需要推動效果來使它到臨，能力不需「辭采」即會顯現，它自己展現「不會對抗」（萬物作焉而不辭也，萬事存焉而不勞也，用不以形，御不以名）。如果捨棄此一功效由其自發來臨的內在底蘊，我們將會「固置於特定的成效的階段」（既成而舍以居成，居成則失其母，故皆裂發歇竭滅蹶也）（王弼，三十九章），即使強力取得效果，終會失去它。在這兩個階段之間，其差異並非如我們的形上學所示，是本質性的，而是實現上的差異。然而，就是要回歸到未實現的階段我們才能使實現持續地完整；因為回到功效的上游，在它尚未開始具體化及分殊（參照《老子》中原初的「一」），我們不只使得功效能作最大的發揮，而且是使得它保持在尚未終極地到臨狀態之前，於是便保持了它的持續動能，使其有無限的效能；受惠於這個潛在性的底蘊，我們使它能長保作用，於是我們使它一直保持爲當前形成狀態（actual）。

在形上學之外（參照，過程的邏輯）：效能因其潛能向度而能保持為當前形成

2

聖人的「無爲」，或更精確地說爲何他能「爲無爲」，最終要以此意義來理解。表面上的弔詭，在此解消了：聖人「作爲」，但是在現實「尚未形成之前」（爲之於未有）（六十四章）。的確是有作爲，但此作爲是**在上游**；而且，他在上游作爲得如此好，以至於我們不再看到他作爲。因爲，不宣稱以正面進擊現在情境的方式來處理現實，並希望以英勇舉動得到成功，聖人知道（聖人即知者）要達成功效必須經過一個過程。《老子》喜歡重複地說這些格言：聖人知道「合抱之木，生於毫末；九層

無為是在上游的作為

之臺，起於累土；千里之行，始於足下」……任何的作爲（建高臺或遠行），總是要回到過程的範疇（樹木的生長）。不論起始是如何地細微，這起始便是一個（開始進行的過程的）**開端**；而且，越早在事物發展進程之中加以作爲，就越不需要**在其上**作爲。到了事物開始成形的階段，事實上，眞實已變得僵硬，同時也變得具排除性，而這時它會抗拒我們對它的作爲：我們便會被引導至用力推動其「作爲」，把目光對準在它身上，而這也使作爲變得更加像是行動；但在這已成形的階段，作爲受到眞實的抵抗，這是一個尷尬的作爲，越是作爲就越消耗，而其成效的效力不高。在成形前的上游階段，相反地，現實仍是柔軟而具流動性，我們不必和現實面對面對抗，而作爲便是要作用在這尚未到臨者（因爲只有在具體化的階段才有到臨）。在這樣的階段（**樸**的階段，參照二十八章及三十二章），眞實仍大多存於虛待狀態，它的各種功能尚未受到分配引導：而這時我們可以輕柔地加以導引，而最輕微的導引就會是具決定性的，因爲它受到將要展

在上游，真實不會抗拒

開的過程性所承載。

《老子》由其中得出了與行爲相關的結論：針對「尚未出現徵兆的」，在這上游地帶，「將是容易構想策略」（其未兆易謀）（六十四章；也參照七十三章）。這點也在其他方面也是同樣有效的，首先便是在軍事方面。中國的戰爭藝術，強調戰勝敵人要在敵意尚未形成之前，而且這是更加容易。我們記得（兵法中）有此層次，而這也可以用效力的遞減來理解：最好的策略是在敵人才剛開始構想其策略時便加以攻擊，接著是攻擊其「連盟」（或是當「軍隊開始連結」），然後是其「隊伍」，最後才是其「要塞」（上兵伐謀，其次伐交，其次伐兵，其下攻城）（《孫子》，卷三，〈謀攻篇〉）。當事物發展的進程越來越明晰，事實上我們的效力就遞減：眞實越是以具體方式受決定，它處理起來就越沉重；衝突越是成形、程序越是進展，我們的行爲就越受阻礙——越是需要「作爲」，就越是辛勞。到了（攻打）「要塞」的階段，也就是圍城之戰，那時敵對態勢已完全展開

在戰略上的後果

越早在上游介入，就越少需要作為—介入

〔以至於到了動彈不得的狀態〕，我們的主動性就陷入泥淖了：這時需要的物質手段會更多，而且我們會受到損失也會更多；而且需要更多的時間和努力才能成功。

在戰鬥前就勝利才是藝術

所以說，「百戰百勝」，事實上只是一個「平庸的」成果〔非善之善也〕，即使它看起來已是那麼地偉大，然而，戰爭藝術的巔峰；相反地，乃是使敵人事先「屈服」，而那是很隱微地在衝突開展的上游便加以介入，因此之後也不必進行作戰了〔不戰而屈人之兵，善之善者也〕（《孫子》，卷三，〈謀攻篇〉）。在上游介入允許我們**以遠距的方式**獲得成效；與其等待面對面的效果，不如間接地在最遠的距離進攻敵人：「如果我們能細察敵人的意向」，我們便能殺其將領「於千里之外」〔佯順敵之意……千里殺將〕（《孫子》，卷十一，〈九地篇〉）。因爲，我們已看到了，勝利是在由事件來確定它之前就決定了。同樣地，如果只是勝利到達之時才知道，而且他人也都知道了，這還是「平庸的」，眞正的戰略家要在「芽」尚未萌發之前，便能察覺〔見勝不過眾人之所知，非善之善者也〕（《孫子》，卷四，〈形篇〉；參照曹操的註解〔當見未萌〕）；於是，他在事先便能辨識可能性的條件，而能將情勢遙控到他所期望的發展方向。

因而，由此產生了一種微妙的成功區分：一方面是「人皆知我所以勝之形」，另一方面，則是我藉以「決定」或「掌控」此一勝利之形勢，則是「無人知曉」〔莫知吾所以制勝之形〕（《孫子》，卷六，〈虛實篇〉）。當然，相對於那已成形並成爲明顯的形勢，在它之前的形勢才是有效的形勢（就它本身而言，它還不只是一「形勢」，因爲它是由各個階段構成的，我使敵人透過這些階段，以使其逐漸癱瘓）。還有一個區分，補足了另一個，允許我們精準地理解此一事先決定的難以察覺的特質（參照梅堯臣注解）：他人皆知的是可見明顯的印記，或說構成成功的「痕跡」，但不知道有「內隱的形勢」，而它的線條制約了先前的演變，而我便是靠著它到達成功〔知得勝之跡，而不知

兩種情境的形勢：在上游（有決定性但不能察覺），在下游（明顯可見—展開）

作勝之象〕。也就是說，人們看到了成效（它已到臨，以結果的方式出現，具有被給與及受限的外觀），卻不知它由何而來，這些「痕跡」應指涉何處——它整個作爲「功效」的過去。

我們也可以根據古代的外交論著中的說法，用「圓」和「方」來代表這兩個階段：當一切尚未以可見的方式成形，尤其是交談的對方，我們以「圓」的方式來導引事物的進展；接下來，當跡象已經出現了，我們以「方」的方式來處理情境〔未見形，圓以道之。既形，方以事之〕（《鬼谷子》，〈反應〉第二）。換句話說，情境尚未成形用「圓」，成形之後用「方」。「圓」意謂著我們保持動態，向不同的可能性開放，不會僵持在任何立場上，不提供任何突出物或角度；「方」意謂著，我們一旦固定了一個規則（一個方向），我們便保持堅定，而且牢定於其立場，不會改變。首先（在上游的階段），我們尋求「合於」客觀情境，接著，當情境開始成形，我們以「尺度」來處理它；首先我們用外交辭令來「演變」，接著決定就「停止」〔轉

「圓」是上游的能動性，「方」是下游的穩定性

圓而求其合……圓者，所以合語；方者，所以錯事）（像是方形的石頭；《鬼谷子》，〈本經〉）。在初起的階段，沒有任何事物受到決定，我們以「圓」的方式來認識，運用其對任何可以有開端的事物都開放的完美虛待態度；接著，程序發動了，我們以「方」的方式來跟隨其發展，不喪失其穩定性。或者，天是事物之始，乃是「圓」，而地使事物具體成形，便是「方」。（在卜筮的脈絡中，則是技術性的說法：圓是指蓍枝在手指中滑動，而可以讓人覺察不可見（不可預見）的演變；相對地，方是指六十四卦象，它的框架穩定建立而其穩定性卻允許辨認所遭逢的個案類型；參照，《周易》，〈繫辭〉，上傳第十一章〔蓍之德，圓而神；卦之德，方以知〕）。就這兩個階段而言，當然第一個是策略上具有決定性的，而這也是外交論著想要掌握的：總是準備好向任何一方轉動，對於任何可能性都維持敏感，並且總是和事物的開端相伴隨，在一開始便能由任何微小的可能性中獲益，並得益於其全整幅度的開展。

3

由於它是在上游操作，也就是在一切尚有可能的階段，也沒有任何事物已經產生抵抗，準備回應任何出現的機會，並吻合任何起始的變化，從不物化或受符碼化，《老子》（二十七章）說，此一開端的作爲「無轍跡」。車輪留下的轍跡便是重物壓過的痕跡，那是負擔及例行公事留下的印痕；然而，眞正的效力是不斷地即興，不會陷入任何既定的路徑，它也不會施力。不然我們會以爲《老子》（同上）中的這些格言是些魔術思維的遺留：「善行無轍跡」；或「善數不用籌策」；「善閉無關楗而不可開」；「善結無繩約而不可解」。注釋者（王弼）強調，這裡和超現實力量無關；相反地，這只是在吻合物性的「自然」，如此「不設不施」，卻能輕易得到結果：此一完美的從容來自內在性，作爲是和它融爲一體的。

在上游作為便「無轍跡」

雖然不是魔術的，此一效力也不是技術的（然而我們傾向於把兩者作相對的選項，不是技術性的效力便被強迫排擠到非理性和魔術的領域去）：在最早的階段便加以介入，因爲沒有任何事物是僵化或複雜的，我們也不用下降到事物的「特殊性」之中（參照，四十七章），或是利用一個物件的工具性來操作（如同法文說的*man*-oeuvrer〔以手執掌，意爲運作〕）；在這個階段，「事物」是不存在的，而且不只事物，（個別化的）原因也是不存在的，所有令人尷尬的東西都尚不存在。因爲轍跡和工具的使用一樣，對於純粹的過程性而言都是不足的，這些痕跡都是污跡（參照其中一項提法：「善言無瑕謫」：注釋說這是因他「不別不析」，而分別及分析都是只在以差異化成形的眞實中才能操作）。痕跡、汙跡、工具都是完全到臨及具體化眞實中的事物，這也含帶著作爲和強迫；注釋者結論說，由於我們是在成形前的階段運作，我們不必「以成形者」來決定事物的發展方向〔不以形制物〕。

痕跡、汙跡、工具：在下游作為便會辛苦，這時面臨具體事物

一方面，在成形之前——也就是在個別化發生之前，另一

方面：我們必須轉換形上學，或甚至放棄形上學（以永恆的存有相對於流變，或絕對的存有相對於表象的形上學），才能透過這另一個原初的區別，但這次區別卻不分離（相反地，它突出眞實持續的**轉化**），進入到過程性的邏輯（甚至亞里斯多德的潛能/實現（puissance/acte）的區分也不能給它適當的框架，甚至，它完全無關，因爲我們看得很清楚，在中國這邊並不探討「形式」在「實現」時會以目的論的方式引導發展的問題）。由此而來的效力構想可能要**以反向的方式**才能更好地把握：直接以效果爲對象的錯誤，是我們便會因此被引導去採取個別化的手段，以便達到此一效果，但這就是無法了解任何個別化，在個別化的過程中，也會很快地使其相反者出現，因而開啟了一條相反的路徑。因此，所有以個別化而得的「善」，便使「惡」的可能也出現了，所有被人認可爲「正」的，也就默認有「邪」的可能——「惡」和「邪」於是便上了路：同樣地一個人如採取特定方案來（直接地）達到目標，也就反向地使相對的可能性出現，於是也

不是存有的兩個層次，而是過程的兩個階段

在具體的個別化階段前作為：因為任何個別化也會使其相反者出現（因而在此階段，任何效果也帶有反—效果）

就產生了**反—效果**。

也就是爲了逃脫個別化所產生的陷阱，《老子》中所讚揚的功效拒絕成爲明顯可見的、想要直接作用在（下游）情境中的凸出手段，寧可停留在「渾沌」之中（二十章，五十八章），它處在分離所產生的解釋之下，也因此處於過程的上游。因爲大道喪亡了，人們開始談「仁」與「義」；王國陷入混亂失秩之中，我們才看到「忠臣」出現（十八章）。事實上，注釋者（王弼）補充說，如果國家秩序良好，對這些孝慈忠臣我們會「不知其所在」。能力只有在出現不足時才會凝結或突出；不然的話，它會停留於流動的、滲透的、無分別的存在狀態——因此它是無法被察覺的。然而，就像是所有的美德顯露出某種不足，所有被我們調整適應的效果會使其他不適者出現（參照，王弼在三十五章以反面的方式說這一點：「當一切彷彿未（如一標的）受到瞄準，效用是不可窮盡的（若無所中然，乃用之不可窮極也）」）。由此而來的，乃是要不斷地快速進行調整，因爲每一個新的調整都

美德（在下游）突出而明顯，只是因為（在上游）能力的飽滿狀態已經喪失

會使得別的調整變得很緊急……原則上看，這樣的系列是沒有止境的。這使得所有人都在追求一種想要快速達到目標的效力（尋找最直接的手段：《老子》五十三章稱此爲虛僞的「捷徑」），但就在如此作的同時，越來越遠離其目標。

如果不能冒著對其原則本身進行質疑的風險，我們是不能脫離這種效力的負面構想：不只是手段—目的，它同時是工具性和點散的面向（個別的措施），也包括其偶然的特性（成功與否：決定性又悲劇性的時刻）及其含帶的努力（以我們設立的目標所施展的手段）。我們即使將效果的概念好好再檢討改進，它仍然太位處於行動的一邊；而同樣就如同明顯的效果的例子，必須要向上追溯到功效，由功效概念的底層，也必須挖掘出不會那麼沾染可見可觸事物的意念。究其根柢，置身於轉化的視野之中，把我們帶到一個間接的效力（而且只能是間接的；而就在此一意念內部來看，它也是弔詭的），中國思想由其起始一直和我們訴說的，其實比較不是眞正的效力（efficacité），而是——更基進的——**功效作用**（*efficience*）。至少現在我們比較能了解它的概念。功效作用維持了過程的流動性和持續性：它把效力開向一個不需要具體事物便運作的能力；它在整體之中流布，因而不需要使用目標和努力；而且，因爲它不是意願的，而是由受含帶的條件中流出，它也不會突然缺乏或偏向。它比較不屬於（事件性）作爲這一方，而是一種到臨—完成。效力是局部且可定位的，因而可在其結果中察覺到，功效作用卻可以正當地不受注意，所有的效果只是以點狀的方式間接地指向它——也是漠然地指向它。在效力和功效作用之間，其差異就好像療方和太陽一樣（參照：太陽是其治療的「功效」因，而一個療方我們說它有效力）。和中國思想連結，並且不受原因的概念牽制，功效作用不只是一個不再吊掛在任一特定時機的效力，並因而融入事物的底層之中，而是本身變成了事物的底蘊，而由那兒才不斷地流出所有的到臨。由此它便和內在性融爲一體。然而中國的聖賢想要在事物的擁擠之中回歸的，便是這（內在的）功效作用的底蘊；而

鬆動的末端：效力／功效作用

使功效作用成為一個概念

功效作用和內在性相合

中國的戰略家想要捕捉以便成功的也是它。

我們把效力這樣打開並使它超越了自己，就會在事物的底部到處發現它，而如果把它設立爲絕對原則，那我們立即被以下的兩難追上：或者它變成一種屬於超越界的**效力**，不能爲人的意志所捕捉；或者它變成了**功效作用**，而它的過程性隸屬於一內在性底蘊。以理論性基礎，很容易以二元主義構想上帝的效力和人的努力間的對立。但我們要如何想像相反的——相反方向的——事物呢？不再把各層面對立起來，而是把它們連結在一起（而且這不是爲了崇敬而是爲了「運作」）：將其作爲深植於事物的過程性之中（深入到不需要作爲）；換句話說，把效力**連接**上功效作用（以中國最典型的比喻來說，一爲本一爲末）。無論如何，可以清楚地看到兩種錨定由此產生：第一個是來自其所允許的分離，使得科學得以在歐洲建立其（理論性）基礎；而另一個錨定則是在中國這邊，其作用是建立了策略的基礎。

效力／功效作用（神或是過程性）

宗教中的不可見者（首先是死者的精神，**神**）在中國演變爲意謂此一內在性底蘊之功效作用，就此而言，《老子》本身提供了一個由系列性否定所構成的參考（六十章；要了解這裡我不以嚴格的歷史—宗教角度來閱讀這些提法，而是它們如何可以使我們看到一個轉變，並由其中提鍊出一個可能的重點）：「當我們依循道來處理人世，死者的精神便不再顯出功效作用。」（以道蒞天下，其鬼不神）在這裡不可見者的功效作用（神），仍然接近宗教上的效力；但作者立刻說：「或者說，並不是他們不再顯出功效作用，而是它們的功效作用不傷害人；而且不只它們的功效作用不傷人，聖人也不傷人。」（非其鬼不神，其神不傷人；非其神不傷人，聖人亦不傷人）注釋者（王弼）補充說，這是因爲「（不可見的）功效作用不傷害「自然而然」的事物（神不害自然）」；而且「當事物保有自然，不可見的功效作用不會加上什麼；而當不可見的功效作用不加上什麼時，人們便不會知道功效作爲功效的作用（物守自然則神無所加，神無所加則不知神之爲神也）」。這個爲我們不知道的功效作用（因而和奇蹟對立），對自然不「增加」什麼（因而不是**超**—現實），**演變**爲內在性的底蘊。「不死」的「谷」神，爲它提供了一個意象（六章）：它是「玄牝」，其門不斷向存在開放；「持續不斷」，精確地說，「彷彿這是存在的」：功效作用仍是不分而渾沌的，我們也已看到爲何，它在上游持續地運作；但同時，又補充說，「使用它卻不會將之耗盡」（綿綿若存，用之不勤）：換句話說，這個底蘊本身並無底層，而經由它則不斷有效力到臨。

由此一宗教性的背景演變為內在性的底蘊的思維

透過古代宗教信仰受到的變化，這個功效作用的構想將我們帶回到中國思想一直想由我們的經驗中解析清楚的一個問題：行爲越是有效，它卻越不可見（因爲它和過程性結合得更深）：功效作用和可見性相對立，但這不意味著功效作用的不可見性是絕對地屬於一個和可見者完全不同的秩序（它並沒有一個分離的形上學地位，比如「可理解者」的地位，或是「靈魂」才能通達的不可見者）：它的不可見性比較是可見者消除了由事物具體化過程而來的僵硬和沉重（及「轍跡」或「痕跡」之屬），它過濾

回到經驗：越不可見，效力就越大（作為功效）

了所有的不透明性，以至於只能以通道或流體的狀態存在，因而——如此「希」「微」——不能被看到。它**變得**不可見，因為在它身上的眞實沒有任何物化，而且，準備好回應任何刺激，它持續是具反應性的；在這個階段，眞實沒有任何惰性，完全警覺：但也因而不足夠橫展，使我們可以辨識它。這個不可見乃是不可察覺之屬，而如果功效作用在此意義下是不可見的，那是因為和效力不同，它從不會凝固。這是為何古代的戰略論著並不猶疑於提起它，但不帶有任何宗教上的延伸意義，只是為了用來形容戰略家破解敵人的柔軟性，不論是在攻擊或防守時，他都注意不在運作中沉陷，也從不會讓自己的軍隊陣勢顯出任何固定或可辨識的樣態。他也是「沒有痕跡」，而他的布署不斷地變化：「微妙！微妙！以至於沒有實現的形式！功效神妙！功效神妙！以至於不再讓人聽聞聲音！〔微乎，微乎，至於無形，神乎神乎，至於無聲〕」（《孫子》，卷六，〈虛實篇〉）。當戰略家達到這樣高度的完美時，功效作用被移轉到人的行為層次，但

但此一不可見乃是屬於（位於上游）尚不可察覺者

戰略上的不可見

完全保留了古代信仰以可以歸功給他的效力：「故能爲敵之司命」；而且，因爲「他能不斷因敵變化」，我們可以「說」他是完全具有「神效」（能因敵變化而取勝者，謂之神）。

由一個不只是形上學的思想，或更進一步，由一個**非形上學**的思想，像是道家的情形，我們可看到至少它如何可以是有生產性的——而不是奠基性的（也就是說，放棄像存有論那樣「奠基」）：它解明了一個人類的功效作用的可能性條件——同時照明其一致的模式及它們如何作爲策略的向度。接著是要反過來，仔細地加以考察這些戰略程序，將它們和我們的相對照；而首先這將是理解在情境成形前的上游加以掌控，如何可以構成一門操縱的技藝。

第九章 操縱的邏輯

1

「操縱」人：這其中有什麼嚴謹度？

嚴格地說，「操縱」（manipulation）在我們的語言中只有一個本義，即在實驗室中操縱一些物質或是產品，是屬於科學和技術的領域。我們也說，至少最近這麼使用，我們可以操縱人；但作爲比喻，這意念不太緻密，它一直有很強的負面性，我們猶豫於會不會把類比推得太遠。相反地，由中國思想的策略觀點出發，更因爲它沒有把世界和意識之間進行深刻分裂（或自然與內在生活，物理與道德之理），它也就沒有必要在後來將兩者相貼近，並用類比嘗試來吸收這裂縫；對它來說，所有的一切都是過程，而人的行爲也是，中國思想因而也就不會猶豫於如何在過程上游來進行操縱。因此這也是無法察覺的操縱，因爲在這階段，一切仍是平滑的，柔軟的，人們如此容易受掌控，不至於產生抵抗——人們不受良心干擾。

它的概念可以發展到何等地步——而代價又是什麼呢？首先

操縱的上游

由小結之前所述開始：我們不停地看到，整個中國的戰略在於使敵對關係作出足夠的演變——這是作爲先決條件——以至於，衝突在開始作戰前就分出勝負了。所有的重點在於此一**已經**，我們可能會以爲它是開端，但它實際上是個結果：對於其他人它像是個起初給定的條件，但它實際上是一個過程的結果，而我們已將這些人在先前即置入此一過程，但這是他們所不知的（於是成功便自動流出，而人們也不會想到要讚美如此「容易」戰勝者的勇氣或洞察力）。這個轉化的含蓄技藝，（使它）以條件的身分在運作，乃是操縱的技藝。如其所是，它有兩個互補的面向：逐漸地確定自身在情境中的介入，使它達致所欲求的狀況；另外，爲了如此，將對手減弱到被動的狀態，作法是一點一點地剝奪其反應的能力。其程度是到了最後我們可以不戰而勝：因爲當戰鬥開始時，他**已經**失敗了。

在作戰的現場，這個主動性意謂著我們將敵人引到我們想引導的地方，而且是在我們想要時間：比如我們可以堅定地等待他，而他後來趕至，將會陷入「疲憊不堪」（《孫子》，卷六，〈虛實篇〉）。若要如此——這部古代的論著在此沒有任何迂迴——只要對其「誘惑」並「施餌」：要使得敵人「自行前來」到我們要他們去的地方，必須要對它「提出一個利益」；而相對地，如果不讓他來我們不要他來的地方，必須對它「提出一個危險」。不論是利益或危險，當然，都是陷阱。因爲這就是操縱的原則，而這也是使它如此令人著迷之處：操縱他人，是要使他欲求如此，「由其自身而發」，他願望的實際上，是我希望他作的，但我又預見到這會損傷他（但他以爲對他有利）。他以爲是自己決定，自我意願，但實際上，我間接地引導他至這裡。因爲是他自己欲求如此，而且自己傾向如此，我不必強迫，因而也不必消耗力氣，要將他帶至此處也不必花費力氣。同時，如果他把所欲求的也當作是對他有利，但實際上會反過來對我有益，那不是因爲我所提的利益對他暫時沒有利益（比如說讓他占領一個戰略要地，而這是爲何他會眞正想要）；但我對他提出的這個

使他人欲求我預見會損傷他的事物

利益，而他也實際拿了，會使他進入一個程序，而在這程序的終點，是他爲我服務，而不是爲了他自己（因此，給了他的要地反而成功地使他被排擠在一旁）。戰略著作中的前一個提法總結了這一點（《孫子》，卷五，〈勢篇〉），善於「動」敵者，其操縱在於爲給予情境一「形」勢，使得敵人必須「跟從」（「形之，敵必從之」）。而要他「跟隨」，他必須要能看到利益，我用來引誘他的便是此一利益，而且在表面還對我有害；但重要的是，實際上，他開始「跟隨」，並且變得依賴起來。

因此，到了後來，如「我欲戰，敵雖高壘深溝，不得不與我戰」，而如「我不欲戰，雖畫地而守之，敵不得與我戰」。這是因爲在第一種狀況下，我「攻其所必救」，因而他必須離開其良好的守備；第二狀況，他如來攻我，就會「乖其所之」，即脫離我使他走上的路，而他執著於此（《孫子》，卷六，〈虛實篇〉）。這兩個情況中，雙方物質條件即使如此不平衡，比如高壘或深溝，但相對於另一個決定性因素，卻無法發揮作用，這就是敵人的精神導向，而它已經受我們引導。因爲這些條件布置好了，對手也「不得不」以我們想要的方式行爲，而這麼一來，之後的發展便不會有什麼意外。如果只看字面，以下提法的自明性看起來很平凡：「在攻擊時，我們之所以能確定獲勝，那是因爲我們攻擊敵人不防守的地方；在防守時，我們之所以能確定保有，乃是因爲我們防守敵人不攻擊的地方（故善攻者，敵不知其所守。善守者，敵不知其所攻）。」（《孫子》，卷六，〈虛實篇〉）但在這表面的必然理之下要能讀出其內在推理：要進行的是，首要能使得情境受我們改變，而使得敵人不能防守或進攻，這時才開始進攻或防守。

但如何接待「人數眾多」、「秩序良好」並且「即將到臨」的敵人呢（敵眾整而將來，待之若何）？回答是：「由先奪取他認爲最優先的事物，他們就會聽您的，也就是說，被化約爲被動（先奪其所愛，則聽矣）」。不先直接地和其作戰，這將會是冒險，而是如我們前面所見的，先由干擾其結構開始——而這時要作的是使它不協調、失去平衡、產生疑惑（這個**去組構**的在著作中以系統性的方式受到理解：「使得敵人前後不能相連；士兵多的部分和士兵少的部分之間不能進行補償；價值高的和價值低之間不能互相援救；基層和頂峰之間也不能「收攏」〔使敵人前後不相及，眾寡不相恃，貴賤不相救，上下不相收〕」等等；參照，《孫子》，卷十一，〈九地篇〉及《孫臏兵法》，〈善者〉一章〔善者，敵人軍〔強〕人眾，能使分離而不相救也，受敵而不相知也。〕）就像我們不斷看到的，要在一開始便帶入一個程序使得想要獲得的結果可以用間接的方式流出——而這是不可避免的——它是由被發動的情境中得致的；因此這不是選擇行動的閃耀動人的英雄主義，以面對危險獲得光榮，轉化含蓄的作用乃是一點一滴的磨蝕敵人的抵抗能力。中國式的功效並不是贊成或反對、進行或對抗，而是單純以過程來思考，作**開端及去除**的（要爲其開端的是那些一旦發展，便會傾向於一個有利的方向，要去除的則是那些已存在於情境之中，即使是多麼地微小，

開端／去除

也會將情境導向負面發展的事物）。只要投入或撤離，接下來眞實就會產生後果。對於必須先使敵人遭受到方向變化，之後才會產生勝利的自動發展，中國古代的戰略著作多次加以著墨（《孫子》，卷三、卷六、卷十一，以及《孫臏兵法》，〈善者〉）：因此如果敵軍充滿了銳氣，那就要先加以擾亂並使他失去領地；如果敵軍「謹愼」，保持防衛，那就要先使其「生氣而失去自制」，開始輕率行事（和將軍有關的，便是使他精神混亂〔將軍可以奪其心〕，參照卷七）；同樣地，如果它很團結，那就要由使其分裂開始著手；如果他「狀況很好」，就先要使它勞累；如果它「飽食」，那就先使它饑餓；如果它「靜養」，那就先加以騷動……

勝利由最微小的方向變化自動發展開始

2

騷動敵手不只是使他失去信心，也是要使他脫離其保留，離開他僞裝以保護自己的無動於衷，開始展現其特徵並使人可以加以標定。在這方面，戰略上的要求是雙向的：一方面，要使敵人「喪失陣形的主導」，如此便能加以掌握，也才知道由何處及如何加以攻擊；同時又要注意不能讓敵人看出我方的陣形，這樣才能持續地逃離他〔形人而我無形〕（《孫子》，卷六，〈虛實篇〉）。當我強迫對方在戰場上形成其部署時，這時它是明顯的，也總是有點僵硬，我則使我的部署保持在成形前的狀態，完全停留在開放虛待的狀態：當對方一「成形」，他就是在此而非在彼，而我能輕易地加以控制；但我自己保持無法被看穿的樣態——不受他人引導部署——但同時保持全整的反應性。這是因爲任何的布署自身都是會有所牽制（喪失能動性）、物化（喪失可能性），而且，如其所是便受具體事物的排它性所制；同樣地，當他人讓自己的部署受到牽引，也就是受引導採取一個布署方式，那他便是僵硬的——我卻是輕盈的。在這兩者之間，其潛能的差異首先並不在於軍隊的多寡、物質因素、擁有的工具等；

在戰略上破除其主導：使對方採取某一陣形而自己卻不採取任何陣形

沒有陣形便創造了虛待的狀態

而在於其中一者受到限制，被阻滯於現實發展過程的下游地帶，因而具有較少的效力，他被封閉在事物層級，就像它們一樣，被掌握住了；相對地另一者則是維持在上游的，可以輕易地導入並引導所有事物，自己卻永不會被探清底細。

軍事的根本要則必須由此體會，不然便可能會只把它當作是一個狡詐的補充，錯失全整視野：直接了當地，它說兵以「詐」立（《孫子》，卷一，〈計篇〉〔兵者，詭道也〕；卷七，〈軍爭篇〉）。我們知道，操縱是件和隱瞞及祕密有關的事情：「能而示之不能，用而示之不用，近而示之遠，遠而示之近。」這樣作的第一個好處當然是驚奇的效果，再加上無形所強化的動能，便能「攻其不備，出其不意。」（《孫子》，卷一，〈計篇〉）而且，兩個相反事物間的相互性是如此之強，攻擊的藝術總結於進攻敵人「不知如何防守之處〔不知其所守〕」，防守的藝術則在於防守敵人「不知如何進攻之處〔不知其所攻〕」（《孫子》，卷六，〈虛實篇〉）。

而且，用奇襲來使他分神，優點是使敵人必須採取布署而自己卻不必，或至少任何可被看出者：當敵人不知我可由何處攻擊它，敵人必須多方準備防禦，因而在每處都產生臂多力分的狀況。數量上的稀少，會產生失敗，因而也不是一種自始便有的給定條件，而是受操縱的後果：被引導採取布署者必須「分散」才能在各方位都能防守，其布署不會給人看穿者，卻能「集中」（形人而我無形，則我專而敵分）。數量上的少只是因爲「我們必須各處準備以對抗對方」，而多則是相反地，「對手必須多方布署以對抗自己」。換句話說，越是要準備，便是不足。「數量」和前所說的「勇氣」，都不是一開始即有的條件，而是一種效果：即使敵方一開始人數眾多，我們還是可以使它大部分的軍隊分散各處，因而沒有被使用。

在戰鬥中，數量也是一種效果

這個在操縱之上所給定的力量是這麼強，以至於這部論著還修訂了之前的一個肯定。一開始它宣稱（而且此一宣稱看來合理），勝利也許可「知」，但不能一定「獲得」（勝可知，而不可爲〉）。（《孫子》，卷四，〈軍形篇〉）這是因爲，在戰爭中要自己先立於不敗之地，而這只是自己就可決定的，可是對手也可採用這原則，結果反對自己不利了。如果，我由使自己成爲不可勝開始，我（無限期地）「等待」敵人變得可勝，這已非操之在我，而且敵手也可能作同樣的事：如他一直保持無破綻，就不會給我致勝的機會。在這時，必須讓步說：「我們不能使敵人成爲必定可勝（不能使敵必可勝）」。但接下來在另一處卻說了相反的主張：勝利總是「可爲」（勝可爲也）（卷六，〈虛實篇〉）。這個立場是最強的，甚至有點因爲它的挑戰而讓人覺得不可思議，而它只能這樣解釋：一路走來，時機的理念（由他人給予）溶解於操縱的理念（由自己掌控）。在這兩者之間出現了一個過程的理念，透過它我可以逐漸使情境的發展方向改變，而這時對方不必犯錯，甚至不必匱乏，而只**採取了一種布署**，然而我不採取布署，便能確認我相對他有的優勢。我不再等待敵人的破綻，只要我能使他採取形勢，我就能掌控他並加以轉化（我可以逼迫敵人準備其防守，就能使他衰弱，以至於最後讓步）。不再玩弄先前我和敵人之間的嚴格可逆轉性（在於他／在於我：每一方都固守其不可勝性），因爲兩者現在不再位於同一平臺；或者說，即使是在同一（操作）平臺，兩者之間還是以成形的程度而有不同。然而，在這方面，差異的可能永遠不是固定的（它回歸了內在性底蘊的無底底蘊），一方總是可能戰勝另一方：最靈巧的就能上升到事先決定條件的最高位置，而且，在使得自己越來越難被掌握的同時，就像是不可見的功效作用，能夠由最遙遠處引導過程的發展。

我們總能勝過敵人，只要在操縱方面先行於他

3

在有自信地結論說勝利永遠「可爲」，古代中國的戰略著作的主張迫使我們反應。因爲這主張罕見地突出——並未被脈絡的調整或詮釋的遊戲所清除（即使在這裡註釋的傳統可以尋求由側

面進行）。它的立場太直接猛烈，其重要性也太具關鍵性，以至於不得不把這問題再拋向我們：這種策略性操縱的構想方式，向我們保證一定會達致成功，我們這方（歐洲這邊）曾將它發展到什麼程度——或是誤認、拒絕、或隱藏？（而如果我們沒有將之發展到這種程度，那是什麼抑制了我們？又爲了什麼？）

在歐洲這邊，不可否認的是，我們不停地讚頌戰爭中的偶然，召喚眾神及機遇，並提出天才。的確我們也強調奇襲的作用，讚賞狡智並推薦祕密；然而和中國的理論精煉相比，人們會覺得那比較是對經驗的讓步，或是思考中的俏俏話，而這些元素彼此連結的程度並不足以給出一個概念的完整成形樣貌，並以之組成理論。在中國和歐洲之間，其差異不是我們不認識這而更認識那（或相反），而比較是在這和那所運作的理論工具，就其各自的立場選擇而言，可以更佳地開發某一可理解性的源頭——而且它們之間多少有其間距；因此，由這途徑就可使某些事物更爲可讀，而在另一個途徑中就仍比較不是如此。旅行中

為何在歐洲這邊，戰略上的操縱並不能組織為理論？

國的目的不是爲了想像——更不是爲了仿冒——另一種「心態」（mentalité）（爲了總多少有點令人困擾的異國情調樂趣），而是爲了由其他的可理解性的資源中有所收獲（而如其所是，乃是比起所有特定的哲學發明都更全整及具根源性，因爲這些發明只是將之明示化）。總之，這是一個方便性的問題：如果我們發現策略性操縱的理念在中國思想的意念框架中能對應得更好，能在其觀點中解明，那麼就值得透過它來加以發展。

要說服自己這一點，我們要回到希臘。忠實於古代的狡智（*mètis*）傳統，他們的戰略論著大量地提到陷阱，以作爲陣列兵團之外的另一選項（假援軍、假埋伏、假消息等）：也不缺乏讚賞僞裝及表裡不一（使得一個軍隊看起來比實際還多，看來像是缺席，其實是在場等；參照特洛依木馬）。這些計謀（stratagème）明顯的是指涉到戰略（stratégie），即使後來克勞塞維茨不願接受這樣的連屬關係。然而即使他宣稱要教導如何以少禦多，但我們看不到存有任一篇像是《西巴克集》這樣的戰略論著解釋如何**轉化**情境，以使得敵人在數量上變成較少的一方（卷八）；而更一般地來說，即使一一訴說如何使敵人困惑的手段，其主張卻不會集中在它們身上以使它們成爲思考強項：不論它們是多麼地狡猾，這些計謀只是一些方便手法，並不會挖掘出任何探討眞實的線索，並不被預設可以作爲理論的軸線。如果我們讀古希臘的戰爭論著，如果我們把支諾封當作見證，那麼我們會發現他們的興趣根柢上是雙重的：或者是技術的（戰術、攻城術），或者是組織的和政治的（確定秩序，「使其臣民幸福」或甚至是爲了優雅：帶領一個軍隊像是「管理一個家庭」或是「組織一個合唱團」，我們在其《回憶錄》中可讀到，III，1）：不論是指涉那一個方面，但總是朝向一種秩序的形式，他使得戰略眞正的對象在兩者之間落空了。

在希臘這邊，計策仍是一種臨時的方便手法

馬基維利的《戰爭藝術》也是相同，雖然這是最不馬基維利式的著作。然而，我們可以點散地遇到和中國思想相接連的點：不只是假裝、出其不備、隱藏其布署，還有我們先前已看到的，不要將敵人帶至無可再退的死地（倒是要對自己的軍隊如此）；還有注意防範誘餌（魚餌下藏著魚勾），敵人可藉它將我們帶至他所要的地方；最後，「而最重要的是」要尋求分裂敵對力量：「有多位將軍故意讓敵人進入其國家並占領一些要塞，使得他因為必須在城中建立軍營而削弱力量，這時他們就能輕易地加以攻擊」（VI）。甚至勢的理念也被瞥見：「在戰爭中，勇氣比人多重要；但更好的是有利的位置」（VII）。然而這只是一些觀察，由經驗中得出，並不會產生緻密度。馬基維利即使詳列了陷阱和計謀的清單（但這只是清單），我們在其中只看到提醒戒備，以反擊可悲的尋常作法，但他主要的興趣並不在此。讓他最感興趣的是軍事組織及其結構模式（民兵的選擇，紀律的首要角色等）：總是形式的描述，總而言之（戰鬥、行軍、紮營及首要的人員獲得形式），也就是說問題同時是秩序和模型（由模型得出秩序；參照羅馬人的秩序），而且他認為只有建置才能創造力量，而如此我們必然回歸希臘這邊。

馬基維利本人對秩序的形式比對戰略更感興趣

至於克勞塞維茨，他的確是最能爲我們解明西方思考中對戰略操縱所持的保留態度。然而他仍有敵人的「磨蝕」理念，就像是敵人力量和意志在時延中的逐漸消耗（參照，菲德列大帝在七年戰爭的範例），即使他只把它當作防守的手段，而且只是爲了抵抗才加以構想。或者，當他以武裝交戰來構想戰爭，他把它分爲三個目標，包括敵人力量的摧毀，地點和物品的征服，但他也有想到要加上「第四種交戰範疇」，雖然此時僅侷限於進攻而已，以佯裝爲基礎，使得「敵人會發現的我們想要他發現的軍情」（以及「用警報來使其疲憊」，或「以軍力的展現阻止其離開一個陣地或前往另一個」）——而這時第一種交戰類型只是其手段。不過他仍是鍾愛毀滅性交戰的理念，只要它眞實發生或只是可能的，克勞塞維茨不會發展得更遠：交戰被設想爲一種行動，並受其目標所界定，它的邏輯只能是直接的效力，而所有的其他軍事行動只是它的準備，可以良好地「作爲朝向有效原則的嚮導」，但自身不能被當作是這原則。換句話說，克勞塞維茨並

克勞塞維茨執著於交戰只能構想直接的效力——由正面對戰得出

不發展一個效能的間接決定，而後者的作用是透過情境逐步和含蓄的制約，以及透過轉化。

我們特別可以由他構想驚奇效果的方式來了解這一點，這在他是被想作祕密和迅速的成果。他並不猶豫於將它放置在「所有事業的基礎」，並把它當作成功的關鍵，但卻不停地縮減其重要性：它的完美成功是「例外性的」，因爲考量戰爭機器的磨擦，而且仔細一點看，我們也發現它依賴著偶然。針對狡智也有同樣的反轉，雖然希臘人說在戰爭中，必須「在所有時刻想像它」。在提到它和戰略傳統的關聯後，克勞塞維茨回過頭來說明它缺乏效力：「但無論我們如何傾向於在各戰爭領導人身上看到一個比另一個更強於機智、智巧或作爲，卻必須承認這些品質〔…〕在大量的事件及脈絡環境下並不突出。」這不過是個遊戲，有點像是話語中的「俏皮話」，如此，它輸給了戰爭的「嚴肅」，因爲後者的「酸苦必要性」使得「直接的行動」如此重要。克勞塞維茨結論說，我們必須承認，在戰爭棋盤上的卒子「缺乏敏捷性，而那是狡智和機巧的元素本身」。

然而我們由中國的視野出發，能夠思考的比起「狡智」和「機巧」多出許多。它甚至完全是其他事物，即使它只是像附件一樣地閃現，並且可讓人由前兩者找到它。在這些「狡智」和「機巧」的熟悉形象之下，而且在歐洲太常將之心理學化（並接著進行道德化，甚至妖魔化），我們一直以爲是插曲的，在中國這邊卻隱藏著一種以非常緩慢的方式來引導眞實的藝術，而那就不會和它有正面衝突了。或者〔這比較不是引導〕而是**誘使**（induire），因爲引導（*conduire*）仍然太具指引性，太引人注意，而這來自於其伴隨的方式（*cum*：陪同），相對於情境仍預設著過多的外部性，因而也就是「主體」一方的意志力活動及消耗。因而兩種主宰力可在對照下理解（它們是否對比到相互排除呢？）：或者是像克勞塞維茨的想法，力量是來自直接衝突，要集中最大力量在判斷中最決定性的時刻打擊最重要的地點，並且連結起來成爲事件（「主要戰役」；參照其對敵人重心的研究，

以操縱來誘使

時刻／事件

其目標是將其縮減爲單獨一個，以便集中其衝擊效應①）；或者是有一種過程的先期決定，以非常漸進的方式來改變其進展，使得只留下相接續的**時刻**，但其中沒有任何一個是特別突出的，而**事件便消融於其中**；在操縱之過程中，效力是間接及含蓄的，在交戰之中它則是直接而明顯的②。

---

① 「不只有大膽、莽撞、愛挑釁的將軍如此，最幸福的將軍也尋求在一場決定性的戰役中以冒巨大的風險方式來完成工作。」

「這是爲何計畫中的主要戰役應該要多多少少，但總是以某種程度被當作是整個系統的重心及臨時中心點。開戰將軍的戰鬥性越是強烈，他便越是覺得、認爲及相信，必須打敗其敵人，並且是能以在第一場戰役中便把所有的力量投入於其天平中來打敗對方，其希望及其意志都認爲這樣便可以在全局中取勝。」《戰爭論》，IV，11。

② 這種戰略上的間距不只是理論性的，我相信我們可以在越戰中觀察到它：美國方面不斷尋求陣列式戰役，投入最大的物質力量並展布最大的直接衝

4

然而，精確地說，操縱的對象是誰呢？當然是敵人，但也是以下的對象（但這一點必須隱藏），也就是我們手上的軍隊，必須將它陷入死地，這樣它才會被迫作戰。我們的軍事作為不只必須對敵人保密，對己方的人也須嚴格如此。這是操縱的邏輯本身的要求：如此古代的戰略有以下的肯定，雖然今天的注釋者會覺得這個原則是不道德的；它說，一位好的將領，應該「能愚士卒之耳目，使之無知〔於其所爲〕。」（《孫子》、卷十一，〈九地篇〉）；爲了要更加良好地利用情境的潛能，他驅策軍隊「若驅群羊。驅而往，驅而來，莫知所之。」而在中國，政治方面也是完全相同，也是用毫無羞恥的方式說出來：孤立在其祕密之

突力量；相對地，它的敵人則以持續的操縱來化解其戰略——以至於其最後的勝利來自於〔敵人的〕崩潰，也因此，並沒有事件。

中，「明」主把臣民都當作是純粹的機械人，或者是不當作人，而是當作物。在外的戰事和在內的權力，這兩個場域不只相通，而且是類似的，它們有共同的邏輯且其「技藝」相互呼應（其程度在中國是超越馬基維利思想的）。我們也看到，自從上古開始，在一個不正確地被稱作「法」家的獨裁政權的思維框架中（我們在之前已提過，參考前文第二章及第六章），中國人建立了一個非常完整的政治操縱理論。同時，在這個角度中，其意念和我們的操縱一字（manipulation）其字源學意義非常地接近，明顯地指涉我們手上有的事物：明主「手握」的，便是獎賞及懲罰這兩個「權柄」（《韓非子》，第七章，〈二柄〉），它在臣民心中主宰兩種相反的反應，即恐懼與利益，但同樣是本能的反應——臣服也因此**自動自發地**流出。

因此我們剛所說的有關戰略操縱的談論都可以重拾以建構一個政治操縱的意念，並且總結獨裁政權的所有面向，進而可以組構兩者：首先是祕密，君主不和任何人分享祕密，即使是和父母或家人（《韓非子》，第四十八章，〈八經〉，一）；接著是角色完全不具對稱性，以及由位置所生的敵對：爲了要完整保存他作爲君主的位置所給予的勢態，他必須把在他國內的所有其他人當作是要臣服於其權威的敵人；對他人的掌握使他可以宰制他：就好像戰略家因其布署現形而能宰制敵人，君主主宰他的所有臣民的方式是使得他們變得完全可見，也就是在他們身上施以監視和控制（他自己內在狀態則注意不被看到，比如愉悅或忿怒，以不授人以柄）；將他人縮減至被動地位：一旦他是單獨一人進行指揮操控（以獎勵和懲罰），君主將其王位分爲兩個的極端，而且這樣便無人可反抗他；最後維持讓人民以爲這是對他們有利的幻象：透過期待獎勵及恐懼懲罰，所有臣民都以爲行事是依個人利益，殊不知他們正在爲鞏固壓迫性政權而努力③。

③ 有必要堅持以衡量毛澤東主義忠實於此一傳統的程度嗎？我們理解爲何四人幫本身會把這些「法家」當作是進步分子。

在此我們看到移轉到政治領域，兩個中國效力觀的主要特色。首先，效力是間接的而且來自制約：由「法」的無情嚴峻產生了一個絕對的權力，很單純地作爲其結果，君主不再需要作爲或下令指揮：不必「尋求」權威，它會由所設立的政體中不可避免地流出；接著，眞正的效力使我們免除消耗；這些獨裁政權的理論家們說，有德之人不斷勞累以取得他對人們的影響力，眞正的暴君可以指揮一切卻不必作任何勞動或有任何個人的投入：權力的配置（dispositif）使得別人被迫以他們的能力爲他服務（同上，二）。就像前述的戰略家，他是以不可見的先期決定來行事，不受其子民所知，甚至被說成就像一個「幽靈」「其用人也鬼」（同上，一），也就是說進入了他們慾望及厭惡最深的根柢處，但本人則維持深不可測；就像自然一樣，他的影響力不會被察覺，但卻如此地被內化，它是持續、普遍和不可耗盡地一再重返。

沒有任何事物逃得過這個邏輯，它一開始便是極端，而它的

那毛澤東呢？

完美的獨裁者不必再尋求權威

也不必自我消耗

激進性可以使我們受教。這部所有極權政權的「經典」一設立就好像是完全作好了，這令人驚訝，好像在這一點上，思想不必探尋：嚴格程度是沒有例外的，權力毫不猶豫，而任何人性的頻率都被仔細地掃除。沒有任何人因爲其功業受到尊崇，權利的理念沉入「法」的無所不在，並沒有任何爲價值保留的位置。如果一切都匯集到君王身上並把他向前推，君王本人卻是保持含蓄，他放棄了任何有關榮耀的掛念，他甚至放棄了他自己的個體性。作爲一個完美的操縱者，他消融於操縱中；在把別人當作機械人的同時，他自己也變得如此。

列維坦？

第十章 操縱對比說服

1

操縱：危險

這是一部寫給外交官和大臣們的論著。它的書名和其被認定的作者一致，鬼魂之谷中的大師，《鬼谷子》。顯然這是個地名，「鬼谷」應是大師晚年歸隱的地方，但他以此爲書名，也就使得這著作充滿了祕密、飄浮著神祕。同時也有疑惑：由這些他在其中所施展的操縱力量，此人和神鬼接近；他的成功比較是種縈迴，而不是作爲。他不受不確定性或一般行爲的僵硬所限，也不留下可觸摸的痕跡或遭遇阻力。然而，他在其中活動的也不是什麼半透明或超現實的世界，而是最現實和最不能看透的，即利益衝突，權力的獲取和政治的世界。

這實際上是部怪異的書：年代的確是上古晚期（西元前四世紀），但後來歸於不同的作者，而且多少有點像是本地下著作，或至少被文人傳統所鄙視，如果它不是直接被排斥的話。人們在私下閱讀它作爲自己的指引——皇帝們也讀過它——但人們偏愛不提到它，不引用它，因而千百年來，都裝作不知道它的存在（漢學傳統也沒有照顧過它）；它屬於那些稀少的著作，可在現實的意識型態遮蔽中突然打開一個開口，並決定把事物攤開〔檢視〕。它的目標純粹，就是效力，它沒有任何僞裝，也注意不留下任何情感的痕跡。這是本極限性的書，也許以其嚴格地只以力量關係來看人之間的關係這一點來看，也許是本獨一無二的書，或至少我在歐洲這邊是看不到任何可相比擬的：句子在其中折曲及連結方式比較乾澀，它的轉折也比較具侵略性，稍爲和一般期待的和諧相抗（這是指中國對句子間和諧的期待）；它的表達方式如此直接了當，爲了避免任何主觀膨脹或甚至任何的主觀色彩，它有時會顯得書寫比較沒那麼精緻，或就單純像是有其密碼。或者是因爲意義在此變得如此危險，因爲如此赤裸，因而它自行以密碼保護？因爲它處理的主題，在中國來說，顯然是最炙手可熱的——但又是沒人敢說出來的：如何在君主身邊獲得成功，使他對自己有良好評價，以便加以宰制？

而且，事實上，鬼谷子被認爲培養了此一上古終了時期最顯赫的大臣（蘇秦、張儀），其威勢不只來自其在內所得權威，也來自他們能靈巧地在外成功結盟。因爲中國上古晚期是「戰國」時期，那時因爲封建制度的崩潰，各國逐漸肯定其獨立性，並且彼此長期持續爲敵：透過巧妙的但又經常改變的結盟，每個國家希望重建霸權，但以自己爲受惠對象。反叛、陰謀及反覆乃是那時常見之事，而任何的話語一開頭都是可疑的，或者，至少大家都有戒心，而道德也不再有人相信。不再有任何超越在作獎懲，人們不懷有任何塵世之外的幻象，野心描繪出唯一的地平而力量是唯一的度量。

一路走來，我們已經遭遇過這本著作。因爲它教導我們考量人與人之間的關係，尤其是與君主間的關係，要以勢爲角度（參考前文第二章），它把（像機會一樣）提供出來的時機消融於敵方那邊所能看到的微小「裂痕」的開展（使它擴大，第五章），它也要求在上游介入，那時一切尚「圓」，可以輕易地處理（第八章）。但它的好處不只是讓我們可以如此設想人際的操縱，而且其框架也一樣不再是嚴格意義下的戰略或政治；其重要性也在於把它和歐洲傳統相對照，便會以虛照的方式呈現出一些事物，而這涉及到言語的地位。因爲，這裡的確涉及的是一種言語關係，是謀士向君主所說的，然而這不是修辭的問題。或甚至，這本論著乃是一本反修辭學論著：因爲與其教導人如何說服他人，讓他看到我們意見的正確或至少利益，它所教導的是對君主的影響如此深，並早於任何意見，使得他之後會對我們言聽計從。因此重點不是放在言語作爲一種論述的組織問題上，而是在其上游必須作什麼樣的布置，以至於我們只要說出任何話語，對方便會覺得很歡迎，立刻便加以採納：他立刻接納而不會有所質疑——更別說加以辯論了。我們知道，要說服別人——總是要作出消耗——修辭學的消耗——而且也不保證一定成功：說服他人，乃是每次都在進行一場新的戰役。然而，當他人不再挑戰（被引導至不再挑戰），我們自己便不需要作努力，這一場很早便獲勝了。

反修辭學

一點都不要說服別人，而是引導他在我說話前便已接受這裡處理的問題是言語並不會改變前兩個要點——前置的轉化和以制約來產生間接效力。而且，事實上希臘世界如我們所知的，非常執著於論述的顯赫地位，並且不停地研究其技藝以便加以運用，相對地我們觀察到上古中國對論證程序、論述部門及修辭辭格並不感興趣。言說的美妙以及它爲目標的價值因而也和顯著奪目及行動有關：的確存有一個「演說行動」，而演說家也是面對一群聽眾：當他利用修辭學使自己的言語變得更有力，使它在聽眾目前「歷歷如目」，他的目標是想要更直接地達到目標。然而，在這本論著中，「說話」的人，要說得越少越好，或者，要使人**看不到他在**說話；相對地，我們在其中看到的，乃是一種在上游進行漸進導流的含蓄方式，就好像之前提到的戰略家，他準備好場地以便使自己的話能被聽進去；說話與提議，就好像打鬥，對他來說，只是處於遙遠的下游。

雄辯、行動、奇觀

但一切都在言說的上游決定

當然，我們可以提出修辭學也爲操縱服務。因爲它要求不只要教導對手，我們知道它也建議要尋求取悅他及觸動他；甚至，它的目標經常是要使他反應，但又要使他沒有意識，因爲他是在「熱情」這個層次反應，而不是以理性來反應（「理性」—「熱情」：歐洲古老的分裂對偶之一，修辭學使它錨定得更深更牢）。但在其中仍是可以看到論證相互交鋒，選項是開放的，因而，可由它造成確信。一個邏輯必須明晰化，如果不是以眞理爲基礎，至少要以擬眞爲基礎：針對它，我們總是多少有點掌握，而且我們可以駁斥。相對地，在中國這邊，一切的基礎是在對他給予意見前，如何事先布置與談者。這裡也是，言語的戰役是必須在交戰發生（也就是我們開始說話時）前便獲得勝利。這預設著善意的捕捉不是在論述時進行，像是雄辯的場合那樣，而是在此之前；並不是在朝廷中光天化日裡進行，而是在暗夜中進行；不是在片刻中取得（言說事件），而是逐漸的，無時無刻的：因爲對方進入了信賴的關係之中，因此會受到我們的影響，這時有一個「勢態」建立起來，而且是量身打造的，使他會對我們言聽計從。

言說、或作戰都已是遙遠下游之事

我們可以期待在言語關係上會像之前對策略一樣，用同樣的意念連結來加以構想。重要的是「引導」他人，而不是被他人「引導」（事貴制人，而不貴見制於人）；必須在他身上握有「權力」，而不是任由「命運」被他掌握（制人者，握權也；見制於人者，制命也）（《鬼谷子》，〈謀篇〉第十；參照，《孫子》，卷六，〈虛實篇〉）。這是因爲，在此一論著所採取的視野中，對話者的利害一定是相對立的，每一個人會固守其立場，因而受話者總是要被當作一個敵人；這時，如果想盡辦法要使對方能對我們信賴，但這信賴卻是一個陷阱。「誘惑」、「吸引」、「利誘」構成了先前的準備階段，就像是在戰略中的狀況，才能使對方落入自己的影響之下（《鬼谷子》，〈反應〉第二；〈摩篇〉第八）；其比喻是魚勾與魚網：必須要很明顯地提供他人以爲對他有利的事物，他才會變得「有接受性」（《鬼谷子》，〈決篇〉第十一）；這樣一來我們就能逐漸獲得所有的主動：而即使對方是位君王，他也會被任意指使，「可引而東，

言說關係乃是由戰略性操縱所主導

可引而西，可引而南，可引而北」，像是一個玩具一般（《鬼谷子》，〈內揵〉第三；〈飛箝〉第五）；我們自己在其中是如此悠然自得，在對方與我們之間不再有任何「間隙」，而此一依賴由外面來看也無任何「記號」。

就其本身而言，並不是這裡的訴求內容令人驚奇，因爲我們可以良好地看到其邏輯，而是這內容的絕對化：這不是一些權衡，而是常道，甚至是理想之道。所有其他的可能性都被排除，而他者（這還是個「他者」嗎？）被化減爲完全的被動性。我們這邊，即使是「馬基維利」也沒作過這樣的設想。

2

在此，以言語來操縱他人乃是唯一的目標，而有兩個辭表達了這一點，它首要是用來界定其用途，並且論著整體都以其爲綱領：「打開」〔捭〕及「封閉」〔闔〕（《鬼谷子》，〈捭闔〉

兩個操作：「打開」、「封閉」

第一〉。這是兩個純粹的操作——簡言之是兩個手勢：**打開**是鼓勵對方自由地說出他的思想以便了解他的感受是否和我們相同；**封閉**是走相反方向，迫使對方反應以確認他是否說眞話。然而這兩個操作要交錯使用因爲兩者間有互補性：或者是向他表明我們的同感以引導對方「打開」，因而，脫離其保留後，他會完整地表達其感受；或者相反地我們有意地對其封閉，以使他在面對此「阻塞」時，突然地使其眞正的感受出現——這樣我們便能對其所說的眞實性作結論〔開而示之者，同其情也。闔而閉之者，異其誠也。〕。

第一個操作是探索性的，另一則是管控；第一是鼓勵其伸展，讓對方所欲求的出現，第二個引發其反應，讓他想要隱藏的事物閃現；兩者連結起來，可以用來「探測」對方並加以「衡量」：如我們順著他的方向走，是爲了讓他可以發洩；如果我們走反方向，則是爲了看到他的反抗，以測量其抵抗力。因爲他的保留和沉默都也是具有啟現力的。不論是哪一個情況，他「開」

或「閉」嘴，他發洩或壓抑，對方都是被看作，或者毋寧是被當作一種純粹的配置來操縱（就像陰陽這兩個相對又互補的元素，構成了全體的現實）。這個兩極分立在談言語的性質時也是有效的：一方面有正面的主題（陽），其功能是「打開」，而負面主題（陰），其功能便是「封閉」；要鼓勵他者時就使用第一個主題，要迫使他者放棄時就用第二個。如此，只要加以捭闔，便能「無所不出」（由對方的內在之中，像是被隱藏的感受），或是走相反路徑，結果是「無所不入」（我們要他採納的意見），簡言之，「無所不可」，不論是多大的規模——不論是個人，家庭、王國或「天下」（可以說人，可以說家，可以說國，可以說天下）。

把「他人」當作配置來操縱

對於言語無所不能的說法和希臘及拉丁這邊對同一主題所能說的接近，但所利用的手段卻根本地不同。言語在這裡的作用並不是用來說話，而是要引導對手說話；它的目標不是要表達自己的感情，而是要使得對手表達出他的：如此便能適應他，因而

言說不在於和他人說什麼而是要使他說話

可以被良好地接納，而接下來，也可以被相信。一旦對手變得透明，他便不再有抵抗力，這是獨裁政權理論家也展現過的。以論著本身的語詞來說，「捭」與「闔」首要的目標是將對手如此地加以雙重處理，以審定「有」與「無」，並根據其中的「虛」或「實」，眞實或虛假，才能夠「隨其嗜欲」，看見其深處的祕密（見其志意）（就像在戰略那邊一樣，這一點構成其眞正的「布署」：這裡指的是他內在的傾向、意圖及情感）。

布署與操弄，羅網與祕密：在這個人性的荒漠中，所有的主體性都排除，或毋寧說它是負面的（因爲是透過它我們得以掌控）；他人的確有一私密內在，但那只是在那裡等待被識破。人們沒想像過它可以自發地流露，因感動而坦誠；人們不設想他人只是簡單地說他所想的。這是爲何言語首先被當作陷阱，用來補捉他人的言語，而我們接續用「開」及「闔」來迫使他開顯自己。在這方面有兩種方法可以使用（《鬼谷子》，〈反應〉第二）。或者是當他人說話時，我保持沉默，而一旦他所說的之

如何迫使他人開顯自己

中有前後不相合的地方，我們「回返此點」來尋找眞相（人言者，動也。己默者，靜也。因其言，聽其辭。言有不合者，反而求之，其應必出）。這是因爲言辭是用來作爲現實之「象」，而所有的事實彼此相合，透過我們所作的比較，所有的言語都可啟現，並能使我們看到「背後的事物」：因此我們自己的形勢（在沉默中）不彰顯，卻可以用「羅網」來捕捉他者（其釣語合事，得人實也。其猶張置網而取獸也。多張其會而司之，道合其事，彼自出之，此釣人之網也）。事實上，即使他說得很少，而且即使他說的不是眞正的主題，我們總是能由其中取得跡象，並由結合推論演繹出其他。但設想他人完全不漏口風，絕對不在我們面前顯露任何跡象，這就進入了第二種狀況：這時必須改變戰術，朝向他提出某些「象」來使他動搖，並迫使他反應。我們給他的資訊其實「接近於無」，但他卻不會延遲揭露自己。要做到這一點，必須要玩在他人和自己間的兩極遊戲：自己向一方去，便使他由反向過來；或者挖掘出一個欠缺以召喚其補償：如果要對方說話，就自己保持沉默；如果要他施展，就自己蜷縮等等。當我自己故意走向我要他作的反面，我便引發他回應的行爲，並照我要的方式吸引他。我導入了一個角色而他會因已開端的情境而回返扮演之：只要用虛的方式來將他含帶在效力之中，他之後便會以實的方式產出，而且是透過內在性自發而爲。他人這時**回應**，但是以此辭最飽滿的方式，這不只是溝通上的意涵，而是符應進行中的情境，產生出我們期待的狀況。〔其言無比，乃爲之變。以象動之，以報其心，見其情，隨而牧之。己往反，彼覆來，言有象比，因而定基。重之、襲之、反之、覆之，萬事不失其辭。〕

還有另一個戰術，用來探測他人的情感並迫使他不能隱瞞，便是把他們帶到最極端的地步（〈揣篇〉第七）：或者我們選擇對手最喜悅的時刻，並且迎合他，以使他在喜悅的頂峰讓他最私密的情感得以浮現；或者選擇相反的時刻，但作同樣的操作：在恐懼的頂點，他也會吐露眞情。達到了頂點，這兩個感情任一個都會使他失去控制，或至少因爲其所帶來的變化而使得

使得對手不再能自我控制

一些徵兆可以出現。〔揣情者，必以其甚喜之時，往而極其欲也；其有欲也，不能隱其情。必以其甚懼之時，往而極其惡也；其有惡者，不能隱其情。情欲必出其變。〕因為原則是，所有變於「內」者，在「外」亦可看到，而這使得此一偵測成為可能：「以其所見」而能知「其所隱」。〔夫情變於內者，形見於外，故常必以其見者而知其隱者，此所以謂測深探情。〕（第七章）；而一旦我們偵測到談話對手的情感，我們便能確定他的行為和其情感相符（第八章）。如果他人在此情緒激發的狀況下仍能逃脫掌握，那就要「將他擺在那裡」不再和他說話，之後再以其他途徑來探測他，用的將是更間接的方式，要在他的「親近人士」中詢問，或要更清楚他人格之所安定的「基盤」〔感動而不知其變者，乃且錯其人勿與語，而更問其所親，知其所安〕。因為我們不斷地和他相「摩」，把他像是一塊玉那樣磨得平滑光亮（參照〈摩篇〉第八中摩的意涵），他人內在的深情總會閃現：而我們可結論說，他就不能希望躲在純粹的外表之下了。

他身上所有一切都變成徵兆

與此行平地，就像在戰略領域一樣，自己的布署不能被看穿：不能讓人看到自己的「門戶」，在他人面前要像書中所謂的神鬼（〈反應〉第二）如果言語在陽光下攤開（陽），那它應在陰影中成熟（陰）：不論是「開」或「闔」，在針對他人施爲時，都要以隱微的方式進行（第一章，捭闔）；當我們和他人相摩，以側面的方式來看穿他，當然必須要避免他知情，要「塞住洞口」及「藏匿端點」〔塞窌匿端〕（〈摩篇〉第八）。言語的成果，乃在於加深此一對比：他者變得透明，而我本人變得晦暗。就像修辭學所肯定的，言語很有效力，但其作用方式相反。並不是這個太簡單且天眞的反轉，這將是拒絕溝通或是選擇說謊，因爲言語中的徵兆性質使這個反轉變得不可能；而是一個扭曲得更多的顚覆，而且顚覆了言語作用的本身：我說話但不是要和他人說什麼，而是要使他說話；而同樣地，我聽但也不是要跟隨他人，而是要把我的意圖加諸其身上。

反向的言語：他者變得透明，而我本人變得晦暗

3

迎合他者以加以宰制

這是因爲，這一點在言語關係中是很要緊的，就像在戰略中的情況一樣：我符合他人，但是爲了宰制他；我們甚至可以用排除式的方法說：只有在適應其布署／心情的情況下，也就是先由某種方式臣服開始，我才能確定加以引導。同時確定能作到並且知道怎麼作。或者，要讓這意義更尖銳，以一種推到極致的方式來說：我跟隨他**以便引導他**（以便，意謂著能夠）。弔詭——或毋寧是不證自明之事？因爲，把這提法如此延伸，並把它由隱匿處逼出，我們以爲玩弄了弔詭並把論述帶至極限；然而，這是個不證自明之事，而且甚至是明顯到無法一開始便掌握，或甚至只有把它折成弔詭才能開始看到。中國的思想卻是持續在其下穿行，沒有想到把這折痕攤平，總是當作一種默契，或言外之意，不會在它之上停留更久以及把它設立爲原則。其風險是我們可能錯過了它的重要性，而它是到處內含在此論著之中——但比較是以虛的方式而非實的方式存在。重拾操縱這條線索：「我以論點中的意象來引發他人反應，我可以和他的意識相和諧，他的心情對我變得明顯起來；而隨著〔他的心情〕我便能加以引導」〔以象動之，以報其心，見其情，隨而牧之〕（《鬼谷子》，〈反應〉第二）。引導在此的意義是飽滿的（**牧**），就像一位牧人和其羊群。

我們如此便遠離了某種歐洲的造物主神話，而它後來成爲英雄式的神話，具有一種創造開端的純粹力量。作爲第一、積極、介入：主體的孤獨和投注，總處於風險和消耗之中。無疑地，這其中也有欣喜和對未知者的著迷——但這時我們已離開效力而進到另一個邏輯中：慾望和大膽的消耗。因爲，如果我們眞以效力爲目標，那麼「陪伴」眞實會更有利，就像中國智者不斷地說的，並且，行爲也就要跟隨此一想法，符合其結果。**符合結果**，也就是說「跟隨」既有的給定，並以**吻合**它來獲利。

同時這也解決了一個曖昧，不然我們就無法理解以下的想法：在戰爭中及言說關係中想要逐步地把主動（intiative）都單獨集中在自己手上以獲利，並不表示我們要肇始（initier）一個情境。甚至作法是要完全相反，因爲作開端的人總是多少被迫要面對偶然，因而在開拓途徑的過程中耗盡精力，後來者則受惠於已建立好的必要路徑指標，不必再作冒險遊歷，更因爲有了引導而悠然演變。他有**握柄**而另一人沒有。他的作爲有了嚴謹和決心，並因而有了指導的力量，可在檯面下指揮原先起始的關係，以至於雖然在外不斷地要迎合他者，但逐漸地他越來越能以內在的方式指揮他。換句話說，不斷地跟隨並使自己被承載向前，就在他的退隱之中，他可以達到一個更充滿可能效力的地位，比起勞累的超前者更豐富：主動的能力比較是在後來才顯露出來，它也是一段演變的結果，它是由累積而得，其呈現則像是結果。一路走來，主動性由一方滑移到另一方，潛勢便翻轉了。這個翻轉不是辯證性的，像是主人和奴隸之間的關係，即使以某種方式而言，它是其對照，因爲它是以持續的轉化來進行，而且不會在歷

主動並非肇始

它是在一個開展的過程中逐漸獲得的

史上留下日期，像是一個事件：別人根本不知其發生，甚至承受它的人也是一樣，而因爲一直迎合他者，吻合其感情，我們是以隱微的方式將他以我們要的方式向前推動。

這部論著在討論君臣間的關係時，給我們看到這一點（〈內揵〉第三）。如果，像我們前面所說的，重要的是探測君主的內心，以便迎合其邏輯，令他賞識（不論是什麼樣的路徑：如「道德」、「黨友」的結盟、「財貨」的慾望或「性吸引力」〔采色〕等）：以迎合其意的主張我們可以成功地「欲入則入」，就好像鑰匙進入鎖中，這時我們可以「施展」自己的野心。只要能對君主「見其情」，之後便能「制其術」。書中說，因爲知道如何「用其意」，就能隨意引導，而他也不會抵抗：「欲求則求」、「欲思則思」等等。臣子是如此吻合君主的慾望，君主就變得無法和其臣子分開；不只依賴的關係反轉了，而且正因爲那完全是內在性的，所以就更加強烈，而且「了無跡象」。又再一次，產生的效力更大了，因爲它的決定模式是屬於

利用其心意來決定他要作的施政

結果，它不直接作用，不透過一個力量強壓下來，而是作爲**結果**；在這裡，它是來自強行施力的相反，乃是信賴的果實。

或者，根據另一章的題名（〈飛箝〉第五），我們用讚揚的話使夥伴「飛揚」之後再用「鉗子」把他抓住。就好像一位注釋者所說的，要對他者具有「影響力」，要「先稱讚他來使他飛揚：對手於是顯露其情感，非常徹底且不能隱瞞，接著，以他所在意者爲考量，我們接著將其牢繫，使他不能脫離移動（外譽而得其情曰飛，得情即鉗持之，令不得脫移）」。這些言語令他者「飛躍」，但之後是要在他身上放上「鉗制」；我們的關係和其相「和」，就可以隨我們之意「引導」他。這便是此論著所說的：「空往而實來」。只以讚揚之辭爲代價就能令其飛躍，這是「空往」；於是他者打開其心扉，並令我們看見其情感，他便會受我們控制，並成爲依賴，這便是「實來」。

使其「飛揚」之後再
把他「鉗住」

不過，「讚揚」和「鉗制」的方式因人而異。事實上，要和他者「摩」以使他平滑而能探測其傾向的方式非常多樣，要適合每個個案。或者是「平和」的方式，或者觀察其「直率」的方式，或想辦法討他「歡喜」，或者利用他想成就「功名」的慾望等等（〈摩篇〉第八；參照，〈謀篇〉第十）。事實上，聖人（這裡指言語的策略家）所使用的，「眾人皆有之」，只有他能適應他者，這是爲何他的言語成功的主要原因，而且它可以受到「悉聽」（〈摩篇〉第八）。這部論著非常細膩地分析適應的好處何在。如果適應有其效力，那是因爲我們自從開始以來不停提到的原則：它**創造了勢態**。在這裡是相同傾向於相同的，透過親近性（就好像乾柴在火中會第一個燃燒，潮濕的土地在倒下水後，首先濕潤），同樣的事物會相互吸引，而這是**自動自發**的：適應他者，乃是針對他，在其面前創造一相同物，而只因爲如此，他便會受到我們吸引。

回到勢的邏輯：在此是處理如何受聽從

4

「言說的所有困難〔凡說之難〕」，威權主義的理論家，所謂「法」家，像是在和這部外交論著作迴響式地總結，乃在於「了解我們和其說話者的心意，以使我們的言說總是和其相符〔知所說之心，可以吾說當之〕」。（《韓非子》，第十二章〈說難〉）；這不是以理服人，而是要符合情境：如果我們要說服者，醉心於名高，而我們和其談論厚利，「那他會鄙視我們，把我們當作敗類趕走〔則見下節而遇卑賤，必棄遠矣〕」。相反地，如他夢想厚利，而我們說之以名高，則「會認爲我們的話語對他無益，太遠離現實，也不會接受它〔見無心而遠事情，必不收矣〕」。事情還可以更複雜。可能他在內心只想到厚利但卻要在外顯得愛好光榮：如這時我們和他談光榮，他會假意聆聽，但事實上會疏遠我們；而當我們和他談厚利時，他會暗地裡聽從我們的意見，但因爲面子，便將我們請出去〔陰爲厚利而顯爲名高者也，而說之以名高，則陽收其身而實疏之，說之以厚利，則陰用其言顯棄其身矣）……

在這裡我們看到中國和希臘的不同，是如何阻礙修辭學在其中發展。在希臘這方，也就是城邦中，演說家通常是向一群作探討深究的群眾發言，比如法庭、委員會或議會；即使他要顧及其聽眾的精神狀態，他也不能進入每一個聽眾之個人邏輯裡面；而且，他的話語一般處於一個相互攻防的辯論之中，是以邏各斯對邏各斯，它駁倒對方，或是註定要被對方駁倒：他因此被引導至以其斷定最客觀的理由展開其論述，即使那只是一種只具較大可能性的理由，同時他乞靈於論證的嚴謹，以它爲思想的公分母。然而，在中國，就好像所有的王政體制一樣（然而中國也沒有構想過其他政體——即使是在今天：黨），話語在說給君王聽的時候，從不會完全脫離其私人地位；如此它會著重聽者獨特的觀點，它比較不尋求證明，而是暗示；比較少進行相互攻防的辯論，而是像在戰略中一樣，比較是旁敲側擊。而論點本身也會因

為何修辭學在中國未曾發展

公衆話語／私人話語：透過辯論或是暗示，正面—側面

而傾向於正當地脫離正軌，而以陰險的方式服務：這位獨裁政權理論家繼續說，如君王有因個人利害而突然執著的事物，這時要以公眾責任的名義來迫使他（彼有私急也，必以「公義」示而「強」之）。如果他傾向下流的事物而且不能自制，這時要擴大其好處，而減少其有害的一方（其意有下也，然而不能己，說者因爲之「飾其美」而「少其不爲」也）。在這情況下，捕捉其好意只是一個前奏：「如受君王寵愛，你的高見會是適當的並且會受到垂青；如你受憎恨，你的高見將不切題，你將會被當作罪人並被疏遠（有愛於主則智當而加親，有憎於主則智不當見罪而加疏）」。由修辭學崇拜的器官「嘴巴」，也就是神聖的培兜（Peithô），重心現在被移到耳朵；而擁有君主的**耳朵**乃是勝利的保證。

不過既然威權主義理論家的目標便是使君主的權威成爲絕對，因此，他採取的角度是獨裁者的而不是其臣民的，甚至要和臣民相對立，因爲他們的相對被視爲敵對，我們可以期待此一關愛的捕捉，通常是以反向的方式被看待。前面所建議的會反轉爲警告（《韓非子》，第十四章，〈姦劫弒臣〉）：作爲人主的主要工作，便是保護其威權，因而要防範以迎合話語，欲深入人主之心者。在一方像是影射暗示的話，在另一方就要當作陰險狡詐的話來揭穿。而以人主爲中心對此信任作祕密組織的反擊，便成爲普遍的懷疑。這懷疑不只是針對他人，還針對面對他人的自我。因爲他知道，「〔因過去的意見相合，他會傾向於信賴今日所說〔以曩之合己信今之言〕」，但迎合其意便是想獲得寵幸，而可以藉此欺上及奪權〔此幸臣之所以得欺主成私者也〕。對於逢迎，人主回以懷疑——以完整保持其勢位。

解藥

因而可由外部來檢驗民主和修辭學間的關係。但說服和操縱這兩個過程如此對立，超越了適合其各自發展的歷史框架——公開或私下，組織面對面的論述或有利於旁敲側擊的關係。由脈絡中脫離，它們被提升爲行爲的選項：或者直接以言語來對他人施壓，同時展現和論證，以演說家的氣勢把證據「放在眼前」，同

以論證說服：花費

時著重論理所要求的必要性；而事實上，雄辯同時要有證據和邏輯，這是兩個我們歷史中的希臘元素。不然就是在情境上操作以求間接地達到敵人，以逐漸地引導他，在不顯露自己的情況下，只憑我們含帶在其中的效力，它圍困了他者，並卸下其武裝。

或是以情境來含帶：所有的抵抗都解消了

獨裁政體的理論家因此說了一段故事：「過去鄭武公想要攻打胡國，但他先將女兒嫁給胡君以使他轉向遊樂。接著他問群臣：『我想用兵，可以打誰呢？』大夫關其思回答：『可打胡國』。武公大怒將其處死並說：『胡國是我兄弟之邦。爲何勸告我打它，你在想什麼？』胡君聽到了，以爲鄭公對他很有善意。因此他不對鄭備戰。鄭人突然襲擊胡國，並攻取了它。（昔者鄭武公欲伐胡，故先以其女妻胡君以娛其意。因問於群臣：『吾欲用兵，誰可伐者？』大夫關其思對曰：『胡可伐。』武公怒而戮之，曰：『胡，兄弟之國也，子言伐之何也？』胡君聞之，以鄭爲親己，遂不備鄭，鄭人襲胡，取之。）」（《韓非子》，第十二章，〈說難〉）

第十一章 水的意象

1

水「最接近道」

有一個意象穿越了中國古代的思想——同時灌溉它及聯繫它——這是水的意象。《老子》（八章）說它最接近道（幾於道）。水不是道，因爲它是一個個別的現實，因而有排除性，而道以其飽滿擁抱全部的眞實，它自身可吸納所有的不可相容性：水屬於「已成形」的現實，而道使我們回歸事物的無分別底蘊。然而，因爲水是無限地柔軟、流動，它既無形亦無突出，不斷流動而不乾涸，水指引我們道的道路，它使我們上溯無分別之境。我們不會（單獨地）看它也不會（孤立地）命名它；一切不斷由它生出，一切不停向它回歸。在所有成形的事物中，水是最不成形的：它不會僵化在任何被決定的面向上，也不會停留在任一個特定地方。事物中最不事物的事物——最活躍，最輕盈。

如果我們經常讚揚水的純淨；而在荒漠中，它能止渴——包括靈魂之渴，它看來像是生命的源頭。赫拉克里特說「一切流

同一意象的兩個面向：赫拉克里特或孔子

走」（或「我們不能兩次濯足於同一河流」；fr.134〔91〕），傳統將它理解爲對於稍縱即逝和事物不斷變動、存在的短暫及非實質感的尖銳感受：「我們存在，我們不存在了」（fr.133〔49a〕）；孔子也曾在河水邊發出過同樣經典的喟嘆：「逝者如斯夫，不舍晝夜！」（《論語》，〈子罕第九〉，十六）傳統注解它是說面對此一不停的流動，就像面對世界之偉大變化過程，且其源頭不會枯竭。就在看來像是老生常談的意象底下，其中一個發出的訊息是朝向非存有，另一個則朝向內在的底蘊。因爲它持續地自我更新，並且又由不可見的上游流出，它的流動不斷向前，水是效力的良好比喻。或者——**流體**的意象更能掌握差異——功效的構成是什麼。

甚至它還解明了不少面向，所有我們前面所說，都在它之中反映。以至於，談論它時，言說「像是反向」〔正言若反〕，《老子》如此說，並且又一次讓我們相信是在面臨弔詭：「世界上沒有比水更柔與弱的事物，但要攻擊堅與強的事物，卻沒有能

水的「柔」與「弱」使得它比力量更強

超越它的〔天下莫柔弱於水，而攻堅強者莫之能勝，其無以易之〕。」（《老子》，七十八章）；或者「天下之至柔，馳騁天下之至堅。」因爲它沒有一點僵硬，事實上它就無所不「通」，且不會「折」〔無所不通……至柔不可折〕（參照王弼）。還有「守柔曰強」（「守強不強，守柔乃強也」——王弼注）（《老子》，五十二章）；或者因爲不產生抵抗，所以是最具抗力的。

水／石頭

和它相對的是石頭，因爲它堅硬，所以會斷裂，不論它是否像玉一樣光亮；它代表「形之所止」（《老子》，三十八章，參照王弼注釋），僵立在其成形之中。水的柔軟則令人想到嬰兒身體的柔軟（《老子》，七十六章）；當人出生時，當植物長苗發育時，其四肢柔軟並具彈性，其枝椏優雅擺動，輕盈地呼吸著生命；而當人或植物死時，其身體總是堅硬而枯槁〔而人之生也柔弱，其死也堅強。萬物草木之生也柔脆，其死也枯槁〕。《老子》由此再續說，這一切也可運用到策略上：軍隊如果堅硬、僵化，將不會獲勝〔兵強則不勝〕。

潛勢的意象：蓄積的水

一般來說，它勝過力量，「柔弱」乃是道作用的方式（弱者道之用」（《老子》，四十章）因爲這眞正的力量是種蓄積的、內含的力量，而不是那種爲了展現必須變得僵硬，更在僵硬中因而斷裂的力量；換句話說，眞正的力量不是鋪展開的力量，而是潛在力量：在戰略方面，便是積水所比喻的勢態。「勝利者運用軍隊作戰時，就好像使蓄積的水由懸崖上的開口落下（勝者之戰民也，若決積水於千仞之谿」（《孫子》，卷四，〈形篇〉篇末），由於水平差的落差程度及河床的狹窄，水的暴力可以沖走石頭（同上，卷五，〈勢篇〉）：注釋者杜佑說，水的性質是「柔弱」的，石的性質是「剛重」的，水可以漂轉大石皆是由於勢態。

眞正的力量，終究是不強行用力的。中國思想不倦怠地一再回到此一主題：水之形避高而趨下；水能漂石，是爲它因地制流。水的意象是不斷地尋找出口，以繼續其流動，但不會以暴力違反其本性，只是順隨其勢：「兵形象水，水之形避高而趨下，兵之形，避實而擊虛」（《孫子》，卷六，〈虛實篇〉）強的點是敵人「實」的點，會造成阻礙，弱的點是「虛」的點：無效力或物資缺乏：戰略家像水一樣，繞過障礙並滲入道路自由開放之處：他像水一樣，如有一點點抵抗，也立刻會吻合其線條，而且會在任何時刻找到容易前進的地方。

力—勢：水隨地勢傾斜而前進

2

水依地勢傾斜不斷往下流，而這低下便是使它可以宰制者。江海之所以能「爲百谷王者」，乃是因爲它善下，故能爲百谷王（《老子》，六十六章；同上，第七章）。其中第一個意義是間接的——我們已經熟悉：成效是在斜坡的下方，在下游才能獲得，而海接收了天下的水來增廣自己，卻不必去找它們；諸水傾向於它並匯聚於它，乃是因爲它們自身的傾向，而海只作接納就好。但在此意義之下又滑入了一個更巧妙地的戰略意義、雖然

水向下：去除敵對狀態

表面上和戰略相牴觸，甚至損壞及其可能性：水向下流，成功地不「爭」（《老子》，八章）。處於下是不會相爭的。最好的策略便是使得敵人的策略皆不能開始運作，方式是除去爭鬥，這效力相當扭曲。不進行爭鬥者，任何它者皆不能與之爭鬥（「夫唯不爭，故天下莫能與之爭」）（老子》，二十二章）。不只不會想到，而是作不到——因爲沒有可握之柄。有意地處於最低，那是他人也厭惡去的所在，那就去除掉面對面的敵對關係，而我們也就去除了他的抵抗；由於不玩敵對的遊戲，我們也就事先把它卸除武裝。

又再一次，所有的一切都依賴於我們就什麼位置，因而帶給對方的條件狀況：就一種面對眾人有意後撤的位置，我就解消了任何他人要質疑我的可能，我癱瘓了他們的侵略性。「具有飽滿能力之人，就像是新生嬰兒（「含德之厚，比於赤子」）。」；他成爲無法被攻擊的（「蜂蠆虺蛇不螫，猛獸不據，攫鳥不搏。」）《老子》，五十五章）相對地，以力量智力對人，乃是推使他人

不爭而勝

以同樣的事物對待自己，自己提供他們武器，同時也推出自己成爲其攻擊對象（參照，王弼，四十九章）。由此，建立了一個更加普遍的原則：最自然的「天之道」乃是「不爭而善勝」（《老子》，七十三章）；《老子》將這個原則應用到戰略上：好的戰爭領導者並不「好戰」，而注釋者如此理解：那也就是說他並不尋求超前及侵犯；換句話說，「善勝者不戰」，而只有利用「此一不爭的能力」，才能「利用他人的力量」〔不敢爲物先，用戰猶行無行，攘無臂，執無兵，扔無敵也，言無有與之抗也〕。」（王弼，六十九章）

當我們不經衝突就能使他解體潰散時，要如何想像這個與他人的關係呢？《老子》理解它的方式是用一連串弔詭的提法，其中每一句的動詞的內部受詞都被移去（以爲無爲的模式進行）：「行軍但不急行〔行無行〕」、「攘起臂袖但無手臂〔攘無臂〕」、「在戰鬥中施壓但無敵人〔扔無敵〕」、「在手上堅定地握著，但兵器是缺席的〔執無兵〕」（六十九章）。這意謂著

「沒有因爲交戰而產生的抵抗（無有與之抗）」，王弼很簡潔地注釋說。把這個提法的皺摺展開：施展在敵人身上的壓力——的確有壓力、張力、威脅——並不以進攻的方式表出（我們甚至是謙退哀慈），甚至也不在特定的點上出現——也就是說不必以在特定地點及時刻面對面的方式遭遇對手：在一個征戰之中，有一天拿起武器、開始攻擊。的確有「征戰」，但並非是可以命名指稱的戰役；的確有「捲起手臂袖子」的態度，但並沒有身體間的對抗來使它具體化——也就是說，的確有手勢，但卻沒有（個別及有限的）對象。總之，沒有什麼可**觸碰**具實體感的事物，可以提供給敵人一個時機的機會和載體，允許他介入並反對。結果沒有作戰他就敗北了——甚至沒有遭遇到敵人：有施展一個壓力，但從未完全具體化（於是物化和受限），但它沒聚焦於一特定的點或爭奪焦點，因而也不會使抵抗結爲晶體。在這個持續的躲藏及流動中，就像水流一樣地光滑，他人從未能找到任何粗糙之處來放置其手。

如何以不提供任何可以對抗的具體有形事物來使抵抗癱瘓

戰爭事件使得抵抗噴發，和它相對的乃是開展的持續性，在其中敵對的力量被逐漸解消了：倒不見得是耗損——它應該還有一塊皮層——而是挫敗、癱瘓、變得無意義和缺乏對象。外交論著裡「日勝」的談法和這點產生了回響的關係（《鬼谷子》，〈摩篇〉第八），意即「進行一個持續的戰爭但沒有交鋒爭鬥（常戰於不爭）」。這是持續但消散的戰爭，避免明顯的交戰：國家「在其中沒有花費」（不費），而對方「不知道為何他們屈服了（不知所以服）」。而即使是戰略論著，甚至就其論「攻擊」的篇章中（《孫子》，卷三，〈謀攻篇〉），也不建議正面交鋒：「百戰百勝，非善之善也；不戰而屈人之兵，善之善者也。」於是「善用兵者，屈人之兵而非戰也。拔人之城而非攻也，破人之國而非久也」：終極而言，要分出勝負，此一逐步進展是最短暫的，而一連串的戰役，因為耀人的舉動顯得像是奇觀，但也會引起連鎖反擊，而其結果到最後關頭都有可能翻轉。

3

這部軍事論著中的一個形象可以讓我們更精密地思考成功的可能性是由何而來：「水因地而制流，兵應敵而制勝」（《孫子》，卷六，〈虛實篇〉）我們必須很仔細地解讀這個形象。因爲它在此出現，並不是爲了解釋某個先前的原則，之後它也不會受到明白的解說，理論就在它身上，以及只利用平行修辭的嚴格性來調整自身及得到庇護。或者，毋寧說，這理念到處存在，但是只有在這裡才連結起來形成節點。就它本身而言，水沒有特定外形：它不斷地迎合，它的演變依靠適應，而也就是因爲它總是能適應所以它總是能向前。同樣地，我們前面已看到，我們只有適應敵人才能勝利。敵人的情況對我來說，就像是地形起伏對水來說一樣：我使自身合於他，吻合他，而不是要和他正面衝突；簡言之，我自己不會僵化在任何形式之中，而是**迎合**其形式（*con-forme*）；這一來勝利是無法阻擋的，也是無法翻轉的，

水因地而制流，兵應敵而制勝

如水一般地吻合

就像水在其流動中一樣：不會迷途，總是向下奔流，甚至也不會猶豫。

水之形「不在水」，而是來自於地形；同樣地，「勢不在我」（杜牧），而是來自於敵人。或者毋寧說，如果勢不在我（我會耗盡），精確地說也不在他，**而是在由我從他那邊抽引而出的**（因敵乃見）。換句話說，勢因而不是力量的問題，由一方對抗另一方而我們之中的每一位各自擁有他的一份；它是**來自於情境**的勢：這是爲何我們可以在它的發展過程中獲得成功，卻不必花費力氣，而且還持續地增強。這來自於它所打開的可能性，就像地形起伏可讓水流過，我們也要對之加以開發，就像水一樣，知道如何在其中流動。如此，「應敵爲勢」（梅堯臣），敵人的布署乃是透過我可以操縱的事物：如敵人軍隊是「忿怒的」，就「侮辱」它，「彊」兵「緩」之；「驕」宜「卑」之；「貪」則「利」之等（李筌）。因爲它不受制於任何形勢，水可利用最微小的起伏來前進；同樣地，也是因爲我持續地保持虛待

由吻合情境發展而得勢

的態度——不只我不採取任何外形，甚至我也不會停滯在我所迎合的形式裡——這樣我才能利用情勢所給予的任何開口並且繼續我的前進。以一般的方式而言，總是**因應**敵人我才構想我的戰略：如果我們和他是「十比一」，應將其「圍困」，「五則攻之」，「倍則分之，敵則能戰之，少則能逃之，不若則能避之」（《孫子》，卷三，〈謀攻篇〉）。因爲，就像水會繞過流程中的阻礙，抵抗並沒有利益。「人數少者想堅強抵抗，它仍是人數多的強大敵人的獵物。」（故小敵之堅，大敵之擒也）在這個只由情境中得出的勢態，不再有位置留給此一多餘的——無謂的——人之努力。犧牲沒有必要，甚至它的英雄主義是危險的。

就像水會繞過阻礙，不抵抗

也沒有位置可以留給一個事先建立的計畫，而所有的將領都被宣稱可以有權違抗所受的命令，只要它不再適合；沒有其他的要求比情境更加重要，而它就是我們所說的唯一作用元素：是它允許在「可以戰」和「不可以戰」之間作出決定（《孫子》，卷三，〈謀攻篇〉，參照賈林注釋），而且也是整體動態的來源。同樣地，最糟的便是想要重複先前的成功方式：因爲情境是新的，它的潛勢也是如此，過去的方式就失效了。如果，相反地，我們只是「應敵人之形」來決定勝利，這個潛勢便是「無窮」（其戰勝不復，而應形於無窮）（《孫子》，卷六，〈虛實篇〉），所用的戰略不斷地使敵人驚奇，並使他迷惑。因爲它是在這個持續的應─合中找到其「動力」，而這個適應是「給予動力的」（不執故態，應形有機）（梅堯臣，參照機的意義）。在孤立的狀況下，或是只憑藉它自己，任何布署都是相對缺乏動力的，它的功用也是散亂的，它不再能堅持；反之，當它和對手相合，動員並成爲具反應性，它的內在邏輯會變得更緊密，它會一直保持充分準備的狀態，並且是警醒的。

4

這個比較繼續進行：就像「水無常形」，軍隊亦「無常

水作為戰略變化無窮的意象

勢」（《孫子》，卷六，〈虛實篇〉）水不只是以其適應能力來象徵潛勢，它也以其變化性來說明它。我們可以理解，因爲敵人的布署總是多少在變化之中，當我繼續**應**—合它，我自己就要不斷地**轉**化。這兩個意念要作區分，因爲即使兩者相接續（**變—化**），但各自相符應的是不同程度的含帶：敵人的**變動**在開始的時候，總是由定點開始，我則應在每一次完全動員以對它反應和適應；如此受它影響我作了全面的**轉化**，我的內在完全更新，並且保持動力。於是在發展中持續顯現的效果不再精確地屬於效力——這意義又再一次被揭露爲過度狹窄——而是施展爲「功效」。「能因敵變化而取勝者，謂之神。」（同上）功效無限地「微妙」，而且因爲無法測度，它和世界不斷更新所從出的內在底蘊相混融——這是日夜和四季的更新：在其成功而言，它是最「神奇」的，同時它也是最自然的。

因此，有必要區別「常」與「變」：戰爭有其常「理」，但「勢」則非如此（兵有常理，而無常勢）；同樣地，水有常

「性」，而無常「形」（王晳）因爲如果水的常性便是向下，它並不經常維持同一外形，而是以所在的地域狀態來決定；如果戰爭的常性是攻擊弱點，但勢態在戰爭中經常變化，因爲它依賴於我們所回應的敵人，而這些弱點會因情境而有所變化。這是爲何我們不能將戰爭**模式化**，也就是說建立一個理想形式（*eidos*），可以不論個案差異而都成爲有效：「攻守之道非常微妙，無法言說形之。」（李筌）因爲如要把形式在置入陳述，並將它建立爲派典，那我們就失去所有的潛勢了。

無常形：模式化不可能

既然衝突是持續變化的，無法被模式化，因而唯一可能言說的是**變項**：與其建構一個形式理論，中國思想建立了差異的系統；也就是說，與其執著於多少固定的、穩定的共同特徵，它挖掘的是變化的可能性可以達到何種地步。對它來說，重點不在於**確定身分**，尋求本質，就像在我們的形上學軌跡中作的，而是**建立**（可用資源的）**目錄**。而且，在解明了戰爭內含的獨一之「理」後，這部軍事論著所餘的便是建立起一份間距的名單：這間距不是其邏輯運用這層次的間距，好像它原來是抽象的，現在以具體的方式回轉，這樣也只是回到模型（參照：實踐中的間距和磨擦），而是所遭遇情境的多樣性所提供的間距，此一唯一之理仍是完整地穿越它，使得它們可以被結合在一個圖表之中並受到比較。在此論著的最後章節，涉及「九變」或「九地」（九並不意謂侷限於九而是指「極端的數字」——「直到變化的極致」）：根據地域是「重地」、「交地」、「圮地」、「圍地」、「死地」等；或者如果我們給「地」更寬的意義，指敵對的形勢：比如它是「散地」、「輕地」、「爭地」、「交地」、「衢地」（聚集）、「重地」（沉重）、「圮地」（困難）等。將它們羅列爲清單以便一一利用，這些差異也是要讓人看到他們之間如何過渡，甚至是特別爲了如此：「如果將軍不通曉九種變化的利益，即使他認識地形，也無法由其中得利（將不通於九變之利，雖知地形，不能得地之利矣）。」（**通**在此指它們之間如何相通，《孫子》，卷八，〈九變篇〉）。

唯一可能的體系即是變項

在此情況下，統一性並不來自本質的抽取，而是穿越差異得到「互通」以及個案間的「串連」

因為戰略的根本在於由一個案能過渡到另一個案

這個清單不構成一個眞正的類型學，它的目標並不是把每個個案放在一個各自的位置上（證據是標籤在不同的清單中有重疊），而是強調變化的可能性。因爲我們知道，在戰爭中最壞的事，就是固定在一種個案的狀況之中：最糟的損害便是自定規則並固定必要之事：因爲它們僵化了我們的行爲，並阻止我們利用變化，然而勢態乃是由變化而來（道德方面也是一樣）。此論著強調，沒有什麼事物有必要「以任何代價堅持」（**必**的意義；《孫子》，卷八，〈九變篇〉）：「冒死」、「求生」、「速勝」、「廉潔」、「愛民」（其士兵）都不是必要的。倒不是其中任何一個是可以責難的，而是執著其中之一就要責備，因爲我們會被拖累而不能與情境的更新相合；根據不同狀況，它們最後會造成「殺」、「虜」、「侮」、「辱」、「煩」。就和君子一樣（參照，《論語》，里仁第四，十），戰略家也是「不固著」；他整個藝術在於知道如何由一個極端變化到另一極端——就像現實本身一樣地寬廣。

5

戰爭和外交的重疊由此來看，很有啟發性。在戰爭中，選項是攻擊或防守，在朝廷則是「連結」或「分離」，結盟或是將之解除（《鬼谷子》，〈忤合〉第六）；但它們的邏輯是相同的——在所有受兩極性所主宰的場域都如此，比如自然：「一般而言，有關**趨向**或**反向相迎**，其策略重點是適應：轉化相隨無間，每一次都有一特定形勢：但不論是哪一個方向，都依情境來作決定（凡**趨合倍反**，計有適合。化轉環屬，各有形勢，反覆相求，因事爲制）。」外交家就像戰略家一樣，不只應合形勢，而且能迎合其變化；**迎合**意著「因」、「事況」之「宜」，將有「所多」或「所少」，要能「先知」於將來的情境，而能「與之轉化」（因事物之會，觀天時之宜，因知所多所少，以此先知之，與之轉化）。既然沒有任何事物是穩定的，尤其是「我們認爲珍貴的」，而「聖人」（在此爲外交家）不會和任何事物永久

因為戰略的根本在於由一個案能過渡到另一個案

地連結，或永遠地分離；但和一個相連，就和另一個相離，他在兩者間來回探測其利益，以便在之後能提供最好利益的相連結，不會懷疑（在改朝換代時，大臣也是如此）。當我們在君王之側時，也是要以「變化」來深入其私密（《鬼谷子》，〈內揵〉第三）。這就是這部論著所列變化清單的功用，它使它們成爲行爲的系統性參照：不論是有關伙伴的能力（〈謀篇〉第十），或如何和他相「摩」（〈摩篇〉第十），或是和不同情境有關的言語模式（「佞言」、「諛言」、「平言」、「戚言」、「靜言」；〈權篇〉第九）希臘修辭學的辭格是依論述各自特有形式，這部論著在構想言語的多樣性時，乃是依一張情境和時機的清單。

變化的體系取代了所有的模型

言說本身也依情境的差異來思考，而不是依其固有形式

有一個意念將此情境的重要性表明（**權**，參照，《鬼谷子》，第九章）權字的本意是天平及秤重的動作，它也被用來指**權力**，尤其是政治面的，我們由環境或是爲了一時方便的作法（**權變**、**權謀**）：它的變化和規則的固定性相對立（**經：權反經而合道**），使得情境不會堵塞，而是持續地符合已進展的程序來

在中文屬同一字義：天平、權力、環境

演變。或者是這兩個意思匯聚到同一個字眼中，或者是兩者皆是由天平的傾斜來出發思考，這使人想到，眞實的決定，或至少其最後的作用者，要成立的話就必須讓情境傾向於一方或另一方：眞實**乃是由**「環境」（circonstance）而得以不斷改變並持續展布（**變－通**），而權力的分量也就只是這樣一種變化的結果。相對地，在我們對眞實的變化解說中，環境條件只有一個附屬的地位，被當作是形態學的最後一種狀況，只能圍繞（*circum*）著個案主體的霸權視野（及他和客體的構成性關係），相對於此，這個由流水形象如此良好地傳達的不間斷的變化，在中國被當作**現實發展過程本身**；而相對地，中國在二十世紀於此字上加了一個意涵，用它來譯一個它由西方發現的新的權利理念（參照，人權；「人的權利」；字面意義：「人的權力」？），我們清楚看到，這個加入的意涵，其理由是權利也要考量個案差異，在這意念中仍是附加上去的——甚至和它相矛盾（我們在今天還可以在中國的政治生活中觀察到）。因爲權力是由情境中散發出來的，

我們要重新思考「環境」的意義

水之流或真實之變化過程——無固定形式

同時中國曾思考政治而非權利

權利則是超越情境：後者代表在價值層面上肯認人作爲絕對；也因此，在功用的層面上，這也是主體自主性的肯認。

希臘人也曾對變化敏感過，甚至他們認爲，它可以溢出所有可能的形式化。但這時它就脫離了掌控。亞里斯多德承認說，在航行中——他並把它和戰略相連接——並沒有所有特定個案的一般知識，在水流之上吹的風過度多樣而無法被我們編碼。機會（Tuché）在神話上的親屬關係，乃是海洋和大河之母（Téthys）的女兒；她是狡智（Mètis）的姐妹。而這就是中國古代文學和思想最少發展的一個水的主題：被風浪所搖動的駕駛，想要在其中找到一個出口（*poros*），他向諸神祈禱，並想靠狡智來逃脫海浪的威脅，但這樣的意象很獨特地不出現於其地平之上。孔子有次因爲覺得他的道很少受遵循而感到失望，有一天的確是提到「道不行，乘桴浮于海」（《論語》，公冶長第五，六）；但對於那相信他話的人，他很快地便回說這是句玩笑話。中國沒有眞正的他方，可以乘船而去。在希臘就不同了，海

在希臘，變化的無窮使體系失敗

中國人所忽視的一種水的意象：在其上冒險的海洋

深入了陸地，並將其岸邊碎形，而它不斷變動的「脊背」乃是持續地描繪出冒險遊歷的平面——不只是水手，還有依其形象的戰略家和哲學家：尋求回返但又偏航航向未知，尤里西斯雖不是第一個哲學家，但已是哲學之父。

尤里西斯哲學之父

在中國，海洋圍繞著陸地，其方式是自然的流向，在傾向的最低處。它不邀請旅行，也不因其危險使人憂慮或受誘——它不會呼喚思想的去疆域化。內在性在此並不呈現爲一個「平面」（德勒茲的「劃過混沌」），而是像一個**底蘊**（事物的過程性）。就像戰略家並不冒險——聖人亦不懷疑。

內在性的平面或底蘊

第十二章 易之頌

1

水之流，龍之體

由這個在我們腳下不斷發生的平凡形象——水吻合地形的起伏，不停地迎合它前進——我們無終止地衡量它在理論層面上造成的迴響。甚至形象越平凡，我們就越想窮盡其理論蘊含。中國思想不斷地以它爲靈感來理解最難訴說的事情：不證自明、「輕易」——不斷地實現但卻不會變得明顯、令人注意。而且，像是爲了更好地說它，還把它投射天上，以龍的徽誌來使它具體化，因龍的外形只能約略看見，它隨雲伸曲，自在變化。

在虛處並且是透過比較，我們顯然可以讀到此點：水並沒有特定的緻密度，或者說，它的確有，但此一緻密度不斷地去吻合及轉化，這是爲何它不會耗損也不會解體，而終究而言，水永遠也不會失去它。而且，同樣地，龍是最神奇的存有，如果只有聖人及皇帝可以和它相比，這是因爲它以其動態良好地吻合世界的發展變化，並由其中不斷地自我更新。這兩者都沒有固定的、停駐的、可觸摸掌握的形式——而且它們也不斷產生活躍。換句話說，中國思想以捕捉過程中投入的能力爲其主要憂慮，它質疑主體的自我凝結及可見性。並不是這主體被宣稱缺席、或者它受到忽略，更不是它否定自己或自我譴責（它的確想要成功），而是因爲它保持光滑、流動及含蓄。

我們知道，而且由中國這方看過來還更突顯：歐洲思想可以回溯閱讀爲一個逐漸建立具有自我緻密度的主體的歷史，一直到現代時期它則破裂；或者，毋寧說，如果我們對認知主體說了很多，也許由行動的角度來理解它就少多了。我們可以再談談之前的簡述：自從亞里斯多德開始，並承史詩及劇場所開範疇的遺緒，我們看到爲了倫理學的目的各種元素出現，形成了一個有關行動主體理論的框架，同時作爲它的參照點也作爲它的標準：「期望」、「明辨深究」、「選擇」的能力，以其區分事情是「完全自願」或違反其意願，這些都描繪出他的自主程度——我們可以觀察到這些區分在中國從未被明示過。另一個重要的時期

在歐洲，具有自我緻密度的主體

乃是文藝復興，在其中我們看到，尤其是在馬基維利作品中，這個主體帝國的增強。因爲馬基維利的主體已放棄以事物秩序的觀照作爲行動的理想，因爲在他眼中，不再有事物的秩序，他想要以主宰世界的方式來印壓上自己的秩序：軍事精神（*la virtu*）便是這樣一種面對命運時可以對抗情境的能力，因爲我們知道它是偶然的，而透過如此作爲，它想以他的計畫給予世界形式。

它最後聚積於意志

而到了克勞塞維茨的作品中，可以看到後康德主義溢出了道德考量，而主體面對情境的肯定凝聚於意志力量。「抵抗力」，他總結說，乃是以下兩個元素合起來一起作用的結果——「手段的幅度」（物質力量）及「意志的力量」；相對地，當我們要使他人臣服，我們是「折磨」他的意志。甚至，戰略家能依賴的，到最後只有他自己的意志力，這樣才能脫離情境的偶然特性將他陷入的懸而不決情況（因此克氏推導出在戰略上比戰術上需要更多的意志力）：而這是要使得因爲執行的緩慢和困難必定產生的懷疑不發生作用，以走完「磨擦」的歷程。

令人驚訝的意志……歐洲思想在此匯集起來，使它成為和世界對抗的能力，並使它成為主體肯定自己及自我實現的力量。甚至是因為它我們才更接近神，因為它才揭露了我們身上的無限（笛卡爾）：總之，它是神作為神的一種方式。然後，就像是它殺掉神一樣，歐洲思想也把它殺死（它的死亡在弗洛依德作品中可以觀察到，這個翻轉在尼采作品中進行，而更早，在叔本華的作品中，意志受到肯定也受到否定）——但不能脫離它。然而，在中國思想這邊，不只不尋求設立神的地位，它也不將意志明白解析，而這在道德和在戰略上都可觀察到。對它來說，對立存在於我們所「為」及我們所「能」之間，而不是我們所能及所願之間（參照，《孟子》，〈梁惠王上〉，七）。對它來說，所有的事物都是力量，包括內心也是（參照，力的共同意念）。它並沒有明白解說意志，同樣地亦未構想權利或自由，也就是說，它並沒有將人孤立起來使它脫離情境來加以思考，也就是把它當作（行動）主體：與其達致主體的讚揚，它所主張的理想是和世界

中國對意志問題未加以解說

同流，以至於不再看來有介入行動（參照：無爲），同時這是融入於其過程性以達到成功。

「聖人認識自己但不自我展現（聖人自知而不自見）」，《老子》（七十二章）如此談論得道之人；他「自愛」（也就是說重視他自身）但「不自賞」。如此，中國思想拒絕正面化主體，或是它的苦行反面（這和它是一起的，即「可恨的我」中的主體）。在此思想中經常發生的，必須透過細微意義，我們才能掌握其基要的部分：對於得道之人，另一個說法是他「照明但不閃耀（光而不耀）」（五十八章）。它的光照，他寧可將它柔化並使它與周邊「和諧」，因爲他知道不把自己突顯的人可以脫離紛爭（參照王弼注（以光鑑其所以迷，不以光照求其隱慝也，所謂明道若昧也，此皆崇本以息末，不攻而使復之也。））更進一步他知道，那些自我展現爲美德或能力的，乃是爲了彌補一個欠缺，這樣的匱乏便召喚功績及大膽作爲的補償，因爲這看來像是加倍的努力及效果（參照，十七、十八章）：任一個突出而孤

那些自我展現為美德
的顯露了一個欠缺

立成爲品質者，只是一個暫時的突顯，而它如其所是，並不是完全適應（不然它會和世界的發展合一，不會被看到）；然而其反面是，這個突顯主體的品質對規律變化的過程產生阻礙，然而只有後者才能確保效力的最高表現（作爲功效作用：參照十九章）：美德或能力的展現不過是種直進、過度、推力或爆發，而且它們越是不能融入現實就越是震撼人心。聖人/戰略家如此一來也是個無品質的人。如同戰略不斷地忠告的，而我們已看到相當多次，如果我們適時操作，我們的勝利是沒有人知道的，也不必有人流血就能使對方屈服（《孫子》，卷五，〈形篇〉）。至少，這就是「道」——因爲在中國也有屠殺……但中國思想所著重的，並宣稱要加以理解的，乃是無—作戰、無—衝突、無—事件，也就是總結來說，一般狀態。理想是建立於一般狀態之中（過程性的理想；特別參照《中庸》，第十一章）：當沒有什麼好讚頌甚至好觀看，沒有功績的痕跡，而這就發生但無人察覺（「這」：我們不會將其特殊化，而它因此保持爲無分別狀

理想的狀況是當效果不為人所察覺時

態）：所謂「智慧到巔峰並不彰顯（大智不彰）」（梅堯臣）、「偉大的功績不會自我散揚（大功不揚）」。

2

哲學的歷史在一些它的歷程中出現的古老分歧中形成，但今天它不太能加以辨認，因爲它們尚未被解決也未消失——比如以「認知」的角度構想的（如：物質與精神），或「行動」的角度（自由相對於必要）——在它們之下有另一個分歧出現同時加以重拾，也使其產生滑動：主體或情境。它對它們有重疊處也對其擾動（證據是，雖然之前在中國有些努力，但它們總是無效的，即將中國思想呈現爲物質主義或理想主義；同樣地，也不能將它放在決定主義一方因爲它也沒有遭逢自由）。我們看到的選項毋寧出現於在起始處建立現實的作用元。如此，中國人不以神作爲主體的原型和宏大化，而是以張力來理解眞實，這張力在任何細微的情境中出現，而演變也由此而生。「一陰一陽之謂道」，中國思想總結地說（《周易》、〈繫辭〉，上傳第五章）。作爲思想終極項目的「道」，其本身只是由這些因素無間斷的關係所構成——陰及陽或其他的命名——它將情境構成爲兩極性。

情境以其兩極性，乃是決定者

這麼一來便要重新思考何謂「情境」。因爲它不能被化約爲一個主體**在其之中**的所有的環境條件的總集合，這是我們一般定義的：它不是一個行動所處的框架，或是它發揮其能力的環境；它不只是包裹主體並使它獲得價值。既非（在其上投射能力的）屏幕亦非盒子。我們在之前已看到，我們在作戰時怯懦或有勇，並不是源自我們有此品質，而是因爲情境使我們如此反應：「〔一個人的〕膽怯生自於〔另一人的〕勇敢〔怯生於勇〕」、同樣地「〔一個人的〕混亂生自於〔另一人的〕秩序〔亂生於智〕」（或〔一個人的〕脆弱生自於〔另一人的〕力量〔弱生於強〕）（《孫子》，卷五，〈勢篇〉）。不只勇氣是情境的產物（戰爭中的敵對狀況形成了兩極性；這是爲何中國以兩極性爲角度思考眞實，先天便有戰略傾向）；但更進一步，這平行語法暗示勇氣也不和這些「客觀」面向完全分離，因爲那便是力量關係或良好的秩序。戰略論著在此結論說：「善於作戰者，其勝利求之於勢，而不是求之於手底下的人；他的技藝是任勢承載，並依此選擇其人（善戰者，求之於勢，不責於人，故能擇人而任勢）。」

勝利要求之於勢，不責於人

再者，情境從來不能被固置——它不是一個地方，一個場域。它受到兩極性作用其形勢不斷轉化，不斷地受到某一勢態的牽引。兩個相互呼應的因素，一個增長另一個就減弱，而規律變化便產生於此持續補償之中；在一者由它和另一者的關係中抽引出其潛勢時，它也自我更新：消失者會以其他方式再出現，而在任一情境之下，我們總是只面對變化。我們可重拾一次「一陰一陽（一時陰一時陽）之謂道」：道是此一無盡互動的結果，眞實在其到臨中追隨它，戰略家吻合它以求成功，道總是有其理，即使是透過看來像是「危機」者，而且它總是從來不同的。

情境——演變

重返分歧

現在來總結此一差異：或者我們**建構**一個模型並將其投射於情境之上，這含帶著將它暫時凝固；或者我們受情境**承載**，就像一個我們知道它會不斷演變的布署（disposition）。這個布署像配設（dispositif）一樣在作用——但又一次，這辭語必須使其滑動。因爲，雖然它有戰略上的意義，但這樣的一個設置並不能以我們給它的軍事意義來理解（「合於一個計畫的總體可用手段」），而毋寧是我們在其反面發現的：某一種可受操縱的形勢，而**它本身**即是效力的生產者。對於這樣的設置，中國思想提供了一個徽誌性的形象：**門**（字形爲兩扇門扇）。這對門扇相對而立，更有樞機，指涉著所有情境內在的兩極性；同時，以全體

配置的形象：門、樞

觀之，門不停地在兩極中變化，即不斷「開」、「闔」，由它可以施展控制或任由通過。總之由這個設置，得來了一個規律變化的發展的可能性（同時是發展及規律變化的可能性）。眞實的無限成功要透過它，這是「玄妙」的成功，持續更新，而這是《老子》篇首（一章）說明的。最終的形象或極限的形象，它上溯到

最高以建立其融貫；因爲自然本身也要被當作一道「門」來思考：不論是由其中不斷有生命來臨的玄牝之門，或是必須以雌性的方式和「開闔」結合的天門——而不是自認一開始便擁有主動的方式—以使功效可以自成（十章「天門開闔，能爲雌乎」，王弼注）。

同樣地，在外交論著的開端即說，「考察陰陽的開闔，以命名萬物並決定其命運（觀陰陽之開闔以命物）」，聖人/戰略家「知曉生死成敗之門（知存亡之門戶）」。這個知識不是純理論性的——因爲戰略上的勝利在於「守」好此門：如我們可以「計算物之結束—開始（籌策萬物之終始）」，及「通曉人內心之理（達人心之理）」，即理解規律變化的內在道理，便能「覺察變化的先兆（見變化之朕焉）」，而「能控制成功之門（守司其門戶）」。門不停地朝一方向或朝向另一方向，每一次朝向一個方向的運動便允許另一反方向。另外「開」與「闔」同時是自然轉化的方式，以陰陽相繼相轉（比照：日月四季之更新），但我們和言語的（外交）關係也應如此操作其「變化」〔捭闔者，道之大化，說之變〕：「嘴吧」本身不也應被想作「門戶」（意識之門），而它同時是「通道」和「阻礙」的器官？此一設置的另一個縮小形象是「樞」或「門軸」，門固置其上，但也因此可以轉動（參照，《鬼谷子》，〈持樞〉）。此書的注釋如此說：「樞者，居中以連外，以近制遠」。實際上，樞的不動——就像聖人一樣——他不會被附上價值甚至我們看不到它，但由它爲中心沒有摩擦或抵抗力，其他的部分便圍繞其轉動。

我們由此再次遇到希臘的**狡智**。馬塞爾．德田及尚—皮耶．維農解釋這希臘黎明時期出現的狡智特性時說，它之所以在之後無法取得理論上的緻密度，正是因爲「它以一持續的擺盪在相對的端點中來回」（《智性的狡詐》，頁十一）。如果狡智很早便由思想甚至希臘語言中被排除出去，那是因爲希臘思想，如我們所知，最後決定有「兩層現實，彼此相互排除」：一方面是「存有」、是「一」、「不動」、「有限」和「正直及固定的知

中國允許照明希臘思想未能發展其理論的狡智

識」的領域；「另一方面則是流變、複多、不穩定、無限及偏差和流動的意見」的領域（同上）。這個分歧也許有點圖式化，但它就是我們的形上學的基礎：通往狡智的道路被封閉了，因爲哲學選擇了以本質，並且使用對立項來思考。對照下來，我們會更良好地發現中國的智性有兩個面向，使它先天適合思考策略：它由兩極性的角度來看整體眞實，在此之外，它還對往－來有一個敏銳的感受——一者帶來另一者以及一者回歸到另一者（反－復；參照，尤其是《鬼谷子》，〈反復〉第二）：具補償性的反轉，但也由此不斷地創新，而這其中沒有什麼「辯證性」——即便今日中國人以此說來使它被肯認爲哲學——以其中相關因素的反應性而言，這當然會有利於一種**情境**取徑——同時是脈絡的和先天的——而我們這方則以主體之「效力」來談類似的問題。

由模型的建構出發，我們唯一能和未來保持的關係是投射（不受計畫控制的則被當作是偶然或機會的領域）；由情境潛勢出發，相對地，和未來的關係是**預期**：吻合其發展的調節曲線，

投射或預期

並在現有的情境中探測出未來將要來臨的轉化的開端，我們邏輯地超前其開展。與其尋求解讀宇宙中的符號，詮釋其意義並開展其象徵（我們的詮釋學有一部分起源和占卜有關），戰略家注意最細微的標記——變化的前兆（朕、兆的意念；《鬼谷子》，第一章）。這就涉及到中國和希臘在不可見之地位上深沉的差異：形式—模型的不可見是一種屬於可理解層面的不可見——屬於心靈、理論之「眼」；而中國人感興趣的不可見是無分別底蘊的**尚未可見**，處在過程的上游：在可見與不可見之間，「妙」和「微」的階段保持了轉變過程的流暢，而變化過程也依憑它們找到方向。同時雖知道他沒有規則或規範來爲未來編碼，因爲現實的發展歷程是持續的創新，對此他仍不受焦慮所苦（這和我們最晚近的意識形態針鋒相對——那是「不確定性」、「漩渦」、「混沌」的意識形態……）

符號地位的差異：象徵或是前兆

不可見被構想為可理解或尚不可見

3 讚揚英雄主義或是困難

在中國這邊，一切都引向總結於「易」之讚頌。然而在歐洲這邊，卻比較是困難的事被認爲有價值，所期待的效果和遭遇的困難是成正比的。這便是馬基維利的「奠基」考驗：新的君王得很辛苦地獲得王權，因爲「沒有什麼比引入新的律法，更困難，更難確立其成功，更有執行上的危險」（《君王論》，VI），他首先感受到巨大的障礙和「每一步的危險」；但之後他保有此王權就更容易了。在世上所遭到困難不只允許他更有力地打上其計畫的印記，對他自己也是有孕育力的，因爲透過它，君王提升自我至偉大的地位，因爲必須要證明自己能有更多的能力——如不是因此，這些能力他將永不會加以運用，甚至都不會認爲自己擁有它們。如要超越障礙，必須要能超越自己：總是這樣的我—主體的頌揚及人格的英雄主義。這樣的教訓也可在克勞塞維茨的作品中讀到：「幾乎沒有一個光榮的功蹟的實現不是以無限的努力、辛勞及自我剝奪爲代價」（《戰爭論》，III, 7）；我們甚至可以建立一個法則，效力是和困難成正比的，就好像它也能衡量驚奇：「很明顯地，驚奇在輕易這方面有斬獲，但它在效力上會受損，同樣地效力在反方向會增加」（同上，III, 9）。

然而，在這點上，中國的思想家明白地採取了對立的立場。外交論著上可讀到，智者「在輕易中處理事物〔事易〕」，我們可說他是沒花辛苦力氣地「經營」：但不智者就「在困難中處理事物〔事難〕」。並不是因爲聖人／策略家輕視或低估困難，他對它們反而是非常注意（《老子》，六十三章），但我們知道，根據《老子》的教誨，就像其他的對立兩極，易與難並不是完全相反的，而是〔難易〕「相成」（《老子》，二章）：與其是兩個互不相容的狀態，甚至互相排除，它們是眞實展布中的兩個相接續的階段——一者引領到另一者；一者「已」是另一者：類同於「有無相生」（而不是範疇式地對立，像是存有與非存有之間），「前後相隨」，而不是互相獨立。因爲在這個過程

或是讚揚輕易

的邏輯中，一切只是過渡和發展，策略是在能輕易地被情境承載的時候介入情境，而這是由內含的邏輯展開，一直到困難的階段。聖人/策略家「圖」難「於容易的階段」，而他進行「偉大的事業於其仍細微之時」〔圖難於其易，爲大於其細〕（《老子》，六十三章）：於是「天下難事必作於易，天下大事必作於細。」因爲聖人期待的功效來自細微（參照，《中庸》，第十四、十五章）。與其直接對抗困難，他處理情境是在處於演變之開端，而這演變會將情境帶至他所期待的方向；同樣地，與其一開始便要作番大事，他先由最極微的介入開始，這是人們察覺不到的，因爲它身爲條件乃源生於自己，但它之後允許達到最大效果。

在能受情境輕易承載的時候介入以被帶至困難的階段

功效來自於細微

他所「作」的，他介入的，都是要使得其所接近的情境準備好：他觀察到，穩定的、休息的，「容易保持〔易持〕」，脆弱的「容易破裂〔易泮〕」（《老子》，六十四章）。這便是說要開始持有時，我們首先必須達到此穩定性；或者若想使其破裂，

先行布署情境使其傾向展布功效

首先此一脆弱性必先來到。整個藝術便在於此一先行布署「他人或世界：比如說，先使他人能『傾聽』，或解體等」的能力。只有以回應事物傾向的方式明顯介入，聖人／策略家不「爲」任何「難」事；因爲他是含蓄地使程序開端，之後它會自行發展，他不進行任何「大」事。但這也就是爲什麼他能完成最後「將是偉大」的事（聖人終不爲大，故能成其大）。

獲得容易的勝利

戰爭的藝術說明了這一點：好的將軍「戰勝於容易勝利之時／地（勝於易勝者也）」（《孫子》，第四章，〈形篇〉）。因爲，如我們已了解的，他「不攻其不可勝」（曹操）。在等待時：他——由最遠處——布置成功的條件；因爲是由上溯到此一最「微妙」的決定性階段，他才能使得之後的勝利變成「易勝」。這時只有衝突的標記，而事實上，我是「以地下的方式演變」，在檯面下攻擊對手的計畫：這時「使用的力氣少（用力既少）」，而「但決定勝利者細微（制勝既微）」，「所以說是容易的勝利（故曰易勝）」（杜牧）。

易來自勢

我們便邏輯地回到情境的潛勢——甚至由此之後不再有（產生）任何間距的機會，或甚至任何離題，主張變得失去火力，而我們也只能一再重複自明之事：「用人以勢則易，責人以力則難」（《孫子》，卷五，〈勢篇〉，梅堯臣注）。只要能獲得此一勢態，「勝利自然而來」，不需要「特別」要求什麼（何氏注）：不論是樹幹或石頭，因爲有斜坡之勢，就能輕易地加以移動，「如只是用力就難以加以移動」。對於獨裁政體的理論家而言，這論證也成理（《韓非子》，第三十四章）：依於勢位，容易受遵守，但如是依功績或依善意，就困難了（國者、君之車也，勢者、君之馬也。夫不處勢以禁誅擅愛之臣，而必德厚以與天下齊行以爭民，是皆不乘君之車，不因馬之利車而下走者也）。

但道德家們不接受批評，因爲他們宣稱其主張的道路能以美德帶領到成功，乃是最輕易的。在這上古晚期，所有的學派都大力說明自己的主張可以輕易得到成果。人的錯誤是「捨近求

道德亦突出其成功之易

遠」，孟子說，「捨易求難」，這是爲何他們不能成功（《孟子》，〈離婁上〉，十二）。然而，如果他們是由最輕易的事物出發，也就是出其發展基礎出發，並任由此一功效自己散播流行，就能使世界轉動於其「掌心之上」（天下可運於掌）（《孟子》，〈梁惠王上〉，七）：人只要符合事物的秩序，就像他在其懷抱中，「以近待近」、「以老待老」，結果這不眞是遵守規則，因爲根本沒有規定，而是一種油然而生的自發（也就是，我們仍在套套邏輯中），「整個世界就能保持和平」。而如果時代越是因爲暴力而變得艱難，人們就會越敏感於越小的人性記號：他們就越願意奔向較不殘酷的君王，熱烈地接受其權威，很早便會確保其成功[1]（《孟子》，〈公孫丑上〉，一）。

① 更有意義的是：《易經》作爲中國思想的基底之書，其翻譯亦可作「輕易之經典」（Classique de la facilité），因「易」字同時有「變易」和「輕易」這兩個意思：這引人想到變易總是在現實之中順著最少抗力的路線進

赫拉克利斯或大禹

相對於希臘所讚揚的赫拉克利斯，經歷著危險和高代價工作的人，努力（*ponos*）的英雄，中國的大禹是一個類同的人物。當洪水淹蓋土地，怪物也占據它時，人走投無路，這時大禹挖深河床，導流入海，重新使得大地可以居住（參照，《孟子》，〈滕文公下〉，九）。但這裡孟子說明，禹導引水流是使水流向「不產生問題的地方」〔禹之行水也，行其所無事也〕，因他利用了斜坡，而這樣並不花力氣，而這其中就可得到教訓（同上，〈離婁下〉，二十六）；「我厭惡的是宣稱有智性的人，因他們不斷地「鑿取」及「強迫」，他們對自然進行暴力，結果是自陷於窘迫〔所惡於智者，爲其鑿也。如智者若禹之行水也，則無惡於智矣〕」。禹治水並不強迫，而是考量情境（向海傾斜的地形），他利用了態勢——並不正面對抗。

行（比如水），這是爲何它是最輕易前進的；參照〔朱利安著〕《內在性形象》（*Figures de l'immanence*），p. 201, Grasset, 1993。

當然這仍是有其代價的。然而我們絕望地觀察到，任何流派的中國思想家似乎都沒懷想到它的存在：因爲，和世界對抗，乃是由其中解脫，不只提供了英雄事蹟的敘事材料及主體的歡悅，而且透過抵抗，我們打開了一條走向自由的道路。而且還有這如此邏輯一致的構想方式所殺死的事物。自身因爲不斷地順著此一道理，任由它承載以至於無法脫離它，或是因爲此自明之理而不能如此，而且也遺忘了在這一路走來所放於一旁的事物：在「主體」之下存有的是主體性中的無限，當然還有熱情以及消耗的歡愉，一個眞正是**他者**的「他者」（這是有待「發現」的，而不是伙伴/敵人關係中的「另一」端點）。這讓人想到赫拉克利斯，走上其柴堆時，卻是因不爲什麼消耗了自身精力而感到幸福。

我們可以想像他向戰略家反駁：「——如果最大的快樂，甚至如您所說的最大『利益』乃是失去而不是獲得（眞正的失去——永遠地，而且能感受到這永遠失去的代價，像是薛西弗斯或普留米修斯——而不是要使得這失去透過眞實的折曲又回來成爲獲得）？如果感覺自己活著——最終不在世界之中——最好的方式不是效力，而是它的相反？」這本論著於是便要反向書寫。它的題名將是抵抗的禮讚——或論眞實之無可容忍，或反－效力論。

譯名對照表

三劃

四劃

五劃

六劃

九劃

十劃

十一劃

十二劃

十三劃

朱利安年表

年代	生平記事
一九五一	六月二日出生，法國哲學家、古希臘學家和漢學家。
一九七四	通過法國高等教師學銜考試（agrégation）。
一九七五—一九七七	赴中國遊歷，曾在北京和上海學習中文和中國思想。
一九七八	獲得法國第三階段博士學位。
一九七八—一九八一	擔任法國漢學中心香港分部主任。
一九八三	獲得法國國家博士學位。
一九八五—一九八七	任東京日法會館駐地研究員。
一九八八—一九九〇	擔任法國漢學學會會長。
一九九〇—二〇〇〇	擔任巴黎第七大學東亞系主任。
一九九五—一九九八	擔任國際哲學院院長。
二〇一〇	榮獲德國的漢娜·鄂蘭特政治思想獎（**Prix Hannah Arendt pour la pensée politique**）。
二〇〇一—二〇一一	法國大學研究院（Institut Universitaire de France）資深成員。
二〇〇二—二〇一一	巴黎第七大學葛蘭言中心主任、當代思想研究所所長。

年代	生平記事
二〇一一	榮獲法蘭西學院哲學大獎。
二〇一一—	法國人文之家基金會世界研究學院「他者性」講座教授。
二〇一四	十二月，受邀列席於法國參議院為五十位對中法交流有重要貢獻的人士所舉辦的晚宴。
二〇一六—二〇一七	二〇一六年十一月到二〇一七年一月的「大臺北當代藝術雙年展」（La Biennale du Grand Taipei de l'art contemporain）擔任客座策展人。

索引

六劃

七劃

八劃

十一劃

十二劃

十三劃

十四劃

十五劃

十六劃

十七劃

十八劃

十九劃

二十劃

二十一劃

二十三劃

二十四劃

經典名著文庫 196

功效論：在中國與西方思維之間

作　　者 —— 朱利安（François Jullien）
譯　　者 —— 林志明
發 行 人 —— 楊榮川
總 經 理 —— 楊士清
總 編 輯 —— 楊秀麗
文庫策劃 —— 楊榮川
本書主編 —— 黃文瓊
責任編輯 —— 李敏華
封面設計 —— 姚孝慈
著者繪像 —— 莊河源
出 版 者 —— **五南圖書出版股份有限公司**
地　　址 —— 臺北市大安區 106 和平東路二段 339 號 4 樓
電　　話 —— 02-27055066（代表號）
傳　　眞 —— 02-27066100
劃撥帳號 —— 01068953
戶　　名 —— 五南圖書出版股份有限公司
網　　址 —— https://www.wunan.com.tw
電子郵件 —— wunan@wunan.com.tw
法律顧問 —— 林勝安律師
出版日期 —— 2011 年 11 月初版一刷
2015 年 10 月二版一刷
2023 年 7 月三版一刷
定　　價 —— 520 元

國家圖書館出版品預行編目資料

功效論：在中國與西方思維之間 / 朱利安 (François Jullien) 著；林志明譯 . -- 三版 -- 臺北市：五南圖書出版股份有限公司，2023.07
面；公分 . -- (經典名著文庫；196)
譯自：Traité de l'efficacité.
ISBN 978-626-366-070-0(平裝)

1.CST: 中國哲學　2.CST: 西洋哲學　3.CST: 比較研究

110　　112006356